雲水 著
謡春庵周可 著

〈古版地誌〉

吉野夢見草 五巻
吉野山独案内 六巻

臨川書店

目次

凡　例

一、本書は、『吉野夢見草』五巻ならびに『吉野山独案内』六巻の影印である。

一、底本は、天理大学附属天理図書館蔵『吉野夢見草』五巻五冊（291.4-イ189）（天理大学附属天理図書館本複製第二五三号）ならびに京都大学文学研究科蔵『吉野山独案内』六巻一冊（国文学／Vh／2）を用いた。但し、後者の欠丁部（巻三の三丁オ、巻四の二十丁オおよび二十丁ウ）については、京都大学附属図書館所蔵『吉野山独案内』（5-83／ヨ／2）で補った。

一、原本の実寸と縮小率は解説に記した。

一、各巻の冒頭頁には原本の題簽のみを掲げた。但し、『吉野夢見草』は巻二を除いて原題簽が欠失していたため、巻一・三〜五については活字で補った。また、『吉野山独案内』は合冊により各巻表紙および原題簽が欠失していたが、本書では巻一のみ東洋文庫蔵本（三-H-c-ろ-27）の題簽を掲げ、巻二〜六については活字で題簽を挿入した。

一、影印にあたっては、原本のシミ等の汚れ箇所や、僅かながら墨筆などによる書き入れを消去処理した。なお、蔵印は版面内に含まれる部分のみ掲載し、その全容は解説に影印で示した。（但し、『吉野山独案内』については蔵印が一部文字にかかっていたため、版面内も含め全ての蔵印に消去処理を施し、解説で全体を示すこととした。）

吉野夢見草
一

吉野夢見草

吉野夢見草題詞

雲水和尚吉野乃名所をしるしおかれて和漢との〱夢見草と名付て家に残しいまく世〻いふてさへ有ける物は才子乃僧苑なるよしきこゆるをとくてきこえし物見る事よきやうなることもちかき乃おほさゝと古今をよそくひなしさてみその僧のいさゝなる〱あまにつきてき海うしんといひつるまゝ求めるまて

見わたしゝ折もこゝろくていやまさ
歌を詠まるゝ人毛のさしひあまへ|
春ともつし多見草をしるとて
花の匂ひもまされける
又
見よし野の花の枝わたくなかれし桜
うつろひなき多くもなき
又
みよしのの花の枝わよなかるゝや

夢見草ゆてしをいとまさん

又

みくよさむ歌ごのし夢見くさ
よしのゝ春のあはれさ見は
和尚名しくあはれのさよいまて
吉しはよのいも行てさまい行て
色見ゆるせてはりはみうたさりぬ
今もみちは花の比りみまてみさゝ
見行んことゆ程りひて

むさし野乃月はかゝらしくらへ見よ
よしの山の花乃ひかりを
もろこしまでもありあけ

元禄七年甲戌吉野山
前学頭代知足院法印寛信
題詞

吉野夢見草序

難波津に梅によせて花のくはしき言の
ことの葉に出初めしよりたへくあみ
歌の道のさてなるひちはびをさて
浮乃世をさて人とやゆかり給ふ出津
くはしく師の山のとひてへてか
うつさて絡よこしくさ語かえもあらんは
くたはの落よりもたくよそ海を視
乃水よはさぬへしはまて世中はとめて

うかとはなく。そしもうはれのさし
のたぐひたくし。ちらあひすみて候
てくのまつたたきの。いくよもかへて候
のまほしがたく見あはせて。はなの師と
よそほひあるや。蜀江の錦にもまさり下
紅の色の光はたとへむ地もなし。まとの浮
あし比より嵐山の花の雲に似して。
秋は萩の月の桂よ。あやしくなるとも
冬草は花はなけれども、かぞへもの甚

なかねんごろにくて。なにあまさこえ。
関の戸にはしらなりなに。かはれ名にかへる
を。をりのゆかしかひをしとて花ぞの
花の。枝をみるものかはなくいせんのうく。
よしのよみ。よしやうし吉野の花を。
あごの浦波の花ならこと。はるかでとぢ
て。こゝろもしそと。はいせし。をもろ
なげき。さはくよりくしてかくらん
夜まの物よもえんとひまじひく

夢見草序

二

をちこちのなをしはかり
我のこゝろえんせそいやましとてよことに
因縁のうきことちぎりきそてゆく程
二てまひよりのくふりよぢのありてみの
春の花の枝わとあそのこをさそふ
つきんへのはあてあらておさよちりと
飛ふるともんちるはきひさしのくもよ
はなことにこゝろしのく用命のかゝえ化ほ
うせなりなりとまへにまてにしとけ

しくあさき夢はしちかる。夢は世をいとひて。
桜乃あとしたふへし
おもひやる人乃花をもてしなや
よし野よりよしむさしの夢
宵くまむしきひろきを見えしの
花乃夢見る夢乃さくさき
よしのは花のあらしふかれての
世にもしてさせ夢乃しき梢

武藏野隠士 露滴

吉野夢見草序

いにしへより月日はたかへれと花見てくらす
春をまくらことゝして人はなきことの葉にて
今の世の人にてもわれはむかしよりてよむ
つらねしはなはたのもしくおもねる身の程をかへりみれは
くさ世とよはれよしの花種の里よりまた
はつしまか吉野の花も言のしとてかへらく
花よりはいく年もしまてもゆく春はうくも
家としてもへるてもや春深く見るさせし林藤

夢見草 一 一

けよ咲初て花のいろのわくゆかしかりしか
ひと日暮さ日己みを経て山の端とまへるみ
さて雲といへるをもはしるは乃人のみをまへる乃
ことしとりやよしやよしの乃まへ草なとも以まへ
みことはしもきそさしむることをしも求まて
蝴蝶乃まはなりくさはしらよはなせく津ある
まそはいえ禄四とせ乃とのひかしの春乃和
乃まへ草なへし

吉野夢見草一

春乃夜は夢のちなみ夢乃つゝくあとく。
夜の明きり紫乃ゆかりをしのびしきを
山乃花を見てん乃絵まよかはしく
風にと歌をくちすさむ

其一

春宵蝶夢入ル芳菲ニ破暁闌門ヲ眺ニ翠微ヲ畏ル名

其二

白雲横リ吉嶺ニ薫風穿テ鼻ヲ過グ紫扉ヲ

夢見草一　二

晨啓柴扉望遠山。白雲皛對孱顔春風
俄送氤氳馥。正識櫻花釀鼻間。

春をまちし山はまつ見くさ
さかりともわかぬ花のしら雲
咲のこるへしゆきよ見よしの
山のかひにある花はしら雲

比蘇櫻

春は花そてちるなと花さそう人もまちけり
人をおもしとおもひしと比曾の山里にはまひそ

夢見草 一 三

うき人とともになかし。あゝ一片の花に
なれきてゆきて花の外に人なくば
の外に花なくれし
大抵四時皆愛花。就中移意是春花。處閑
人静比蘇里。真箇打成一片花。
花に飽なんさくやそこに残る
ときてひきうれひその山陰
花見んよりみんとおもひすてよ人なくは
盛をもとんばつきねつゐて人の夕見

くれとやまて見よはりかとて

浮生荏苒少知音。此夜若無風雨侵、明日難期花與命。香陰一刻價千金。

あすしてとおよいにこしあた桜
これをいのちゑにとめるき世に

吉野河櫻

よしの川波よとて見えしととり。水の
緑よ移りて雲白波よ。夜人かは見て

小艇横流吉野川。白雲影浸底青天勿疑

銀漢乘槎去。各戀櫻花登六田。

大空はそことりて川めくるなれ比川
ぬこよろしく花にもしく雲

六田柳

六田乃柳の。春風になびくすがた。
ありみだれなとして。髪乃ごとく。いと乃
こくなをし

六田淀裏水成紋。風解枝條今不分。千尺
楊綵低靡靡。百尋柳髮仰紛紛。

夢見草一　四

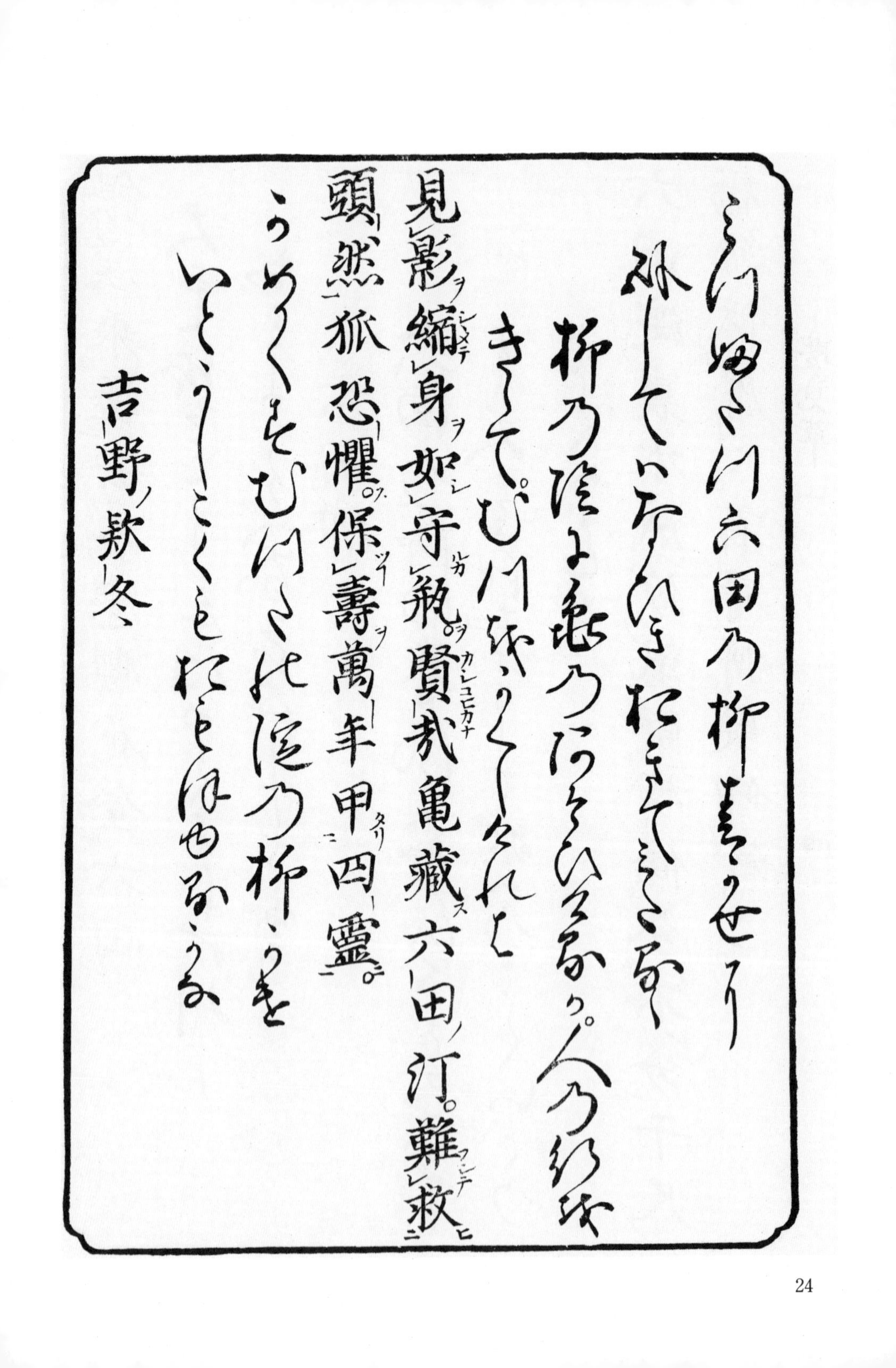

こはいかに六田乃柳春の世に
氷してはなひきれきてこそあ
柳乃陰よ亀乃たつもふ命かへの給
きこてむはやつのくしそれた
見影縮身如守執。賢哉亀藏六田汀。難救
頭然狐恐懼。保壽萬年甲四靈。
うかくをむはきれ陰乃柳のきを
いとうしくもれもはゆるる

吉野ノ歎冬

花さかりまさもえてねたりしや川のほとり
梅さくらの山吹などいろいろかはる川波
の露そへて春の日数経てもあかなると。
みるもしるくて
緩歩河邊隄緑苔玲瓏帯露欸冬開葉浮
青玉花黄玉蕚貫金銭懸岸隈
川波や露をとどめしよなくれのなる
よし野山てさ咲よしはしな
さくらも吉野山梅さく露さよふ

こさむをむくれと葉乃函了

山口ノ櫻笛

六田乃はたわたり山守のかもい

里の子ともの採ひ笛もそひれた。

梅翁とて

五六少年賣小櫻二三十本手栽成此笛

莫恨放花勉付與後人令看榮

梅翁くとのちれ人をやよふし乃

いはむけさ乃はとれこさく絵

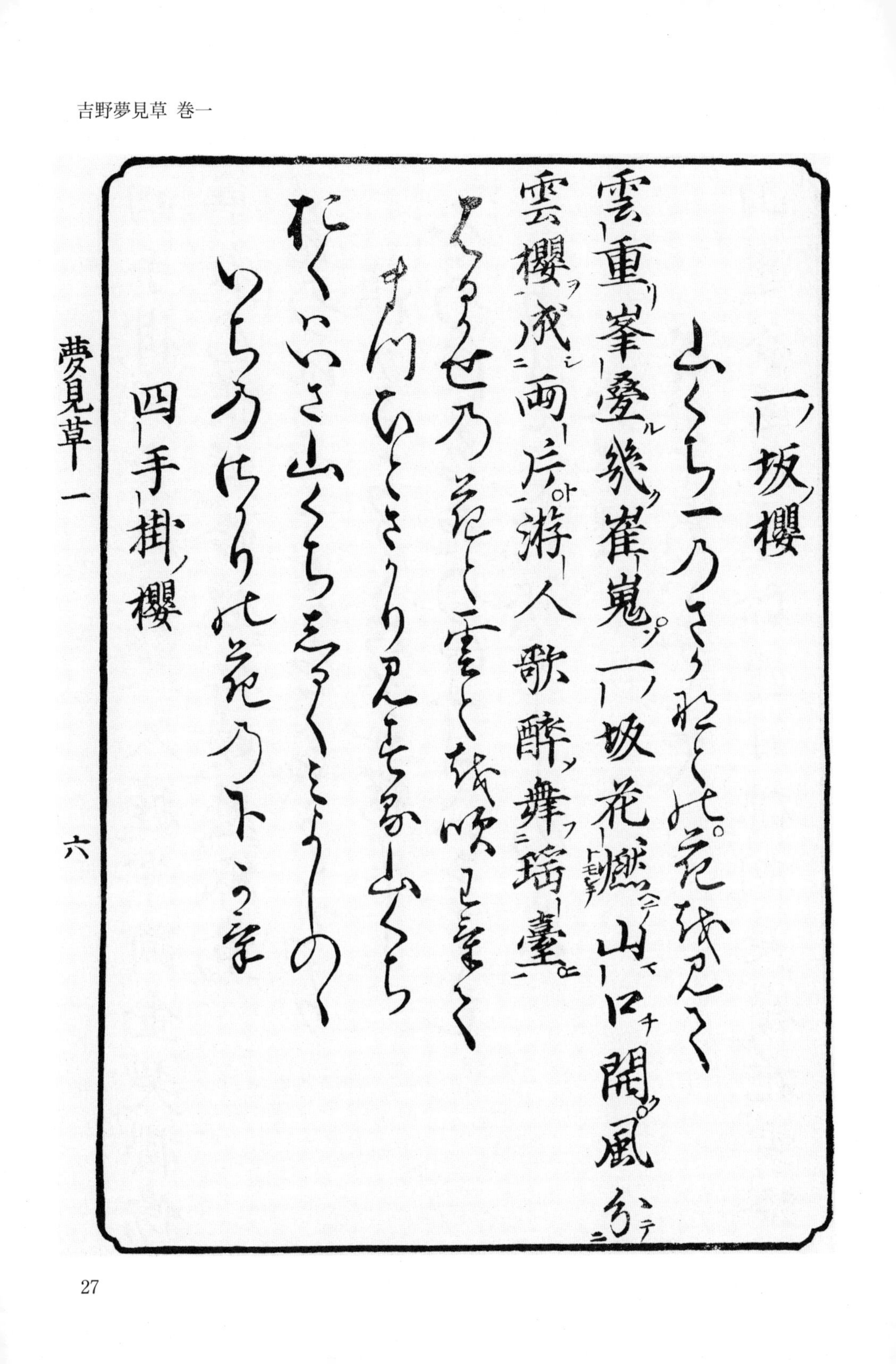

一坂櫻

山くら一乃さかとや花なみて

雲重峯疊幾崔嵬 一坂花燃山口開 風分

雲櫻成両岸 游人歌酔舞瑤臺

くもゐ乃花と雲となみくまて

すゑひとさかりみてや山くら

たくいさ山くらちるとものの

いろ乃ゆかり花乃下かけ

四手掛櫻

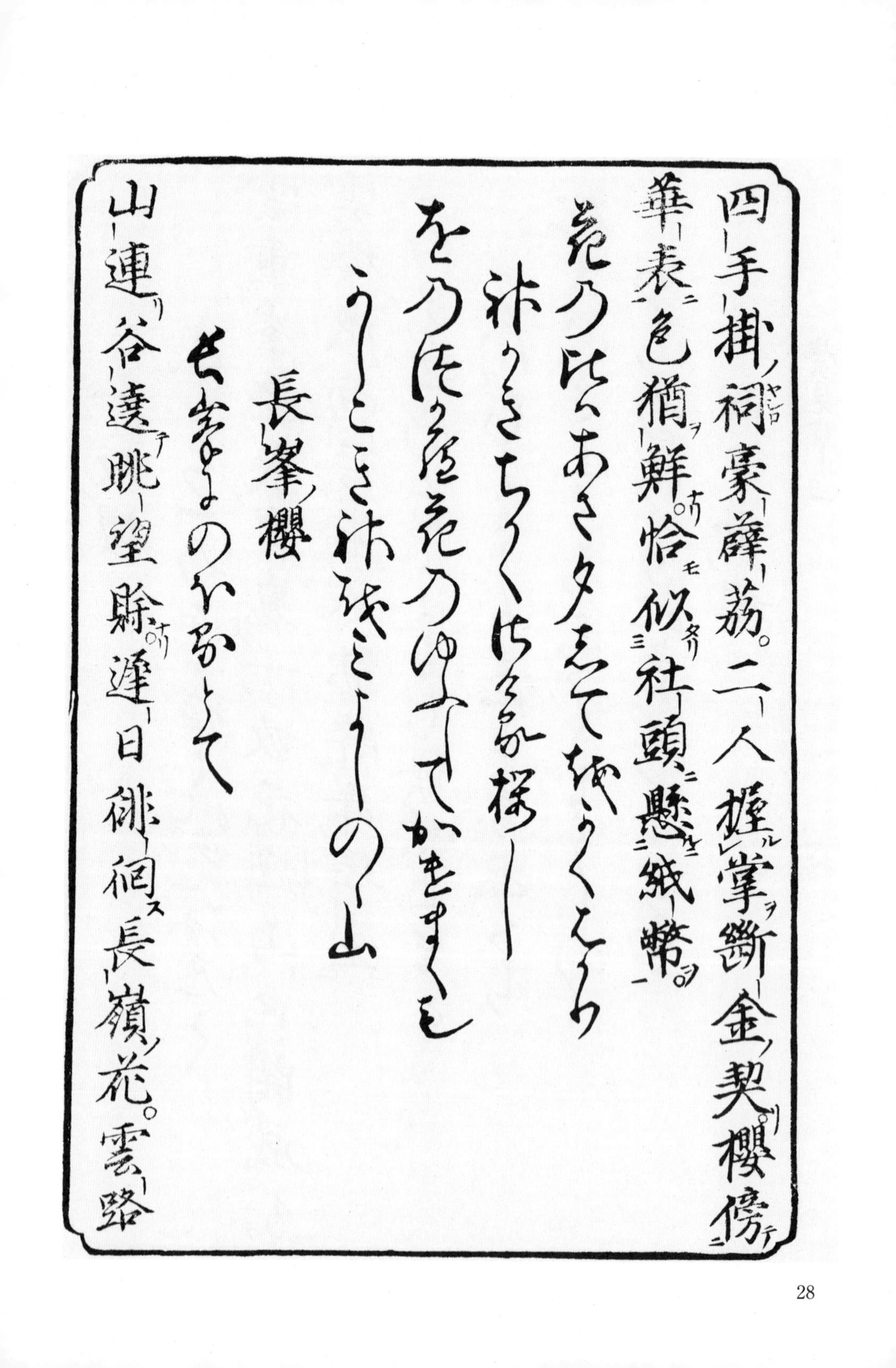

四手掛祠豪薛茘。二人握掌断金契。櫻傍華表色猶鮮。恰似杜頭懸紙幣。

花乃咲あさ夕まてゆふしてら
祢のきちるく咲なか採し
を乃花の色花乃ゆふてかきまくを
うしとき咲残きとしの山

長峯櫻

長峯よのかかとて

山連谷遠眺望賒。遅日徘徊長嶺花。雲路

迢々行不盡遊人邐迤帶烟霞

夜こひるさくらかとみまかはれて
ちるはいさよしのゝみね乃花

丈六山櫻

ゆく長峯ほと色て丈六山よりねはいは
一乃花王代とはちりはしなきしとて
くゝ奉るとて

薫風吹面滿吟胸丈六山頭留竹筇第一
藏王安座砌櫻花渓處觀奇容

夢見草 一 七

あくるに林のミちまをとみむつく
山さくらちりてにほへる風

老婆懐桜

姥が姥と古語にいへり。これ伴ひて
日暖風和引吾儕盤礴春衣老婆懐古樹
垂枝香匝地嫁春風去満天涯。
山姫乃花のちるをと見ぬらく
折しもてしらかしらふる頃
さくらえてさかりをまちさくら花をも

ミれハくミくな花のゆくさろ

峯ノ薬師ノ櫻

花ノ懐ハ六七町斗もありて堂ハ茅葺作
とて。澄觴ハ名にしおふ。やかうも有乃らん。
鳥栖山鳳閣寺の縁起ハ。人乃見もしれハ。
宜しこ見ん傍よ。醍醐天皇御代ニ濫し
めさ敬ゝ時とかやよそ作なとよ。宣化多く。
このうし比。鳳凰といくらるれハ。こゝ和
ハ。鳥栖山とくん付をくなかとらん。言葉ち

ここに延べて〳〵外なきところこそ聖寶
といひし高上人鳥獅山にて寺をおこし
給ひてそれより参河の国鳳来寺
の峯の薬師の因縁なとここに知して夜
あり後に峯の薬師と名にも行ひける
よし縁起にはみえたれと皆は夢にてそい
陀羅乃文をらつてそこをみられて詩
云はしもちろとて仰せらゆ

花清ク音淨シ瑠璃ノ地。日月照臨シテ成ル脇侍ト此ノ處亦呼峯薬師。何時飛到鳳来寺。
桐よもひるとこなえの花ハちるとし
ひうしのこしやろてまのやア

茶亭櫻

菜阿堂のしん此山よ。豊臣秀吉の遊ひ玉
あとるむ。此ハ文禄の三とせ中の春ミよしの
又日ずみ。吉野詣れしとなりて安上茶亭ね
うきん居まて。其の傍ん桜植て鍾す
れをしそれし

昔時天下屬豐臣。華下逍遥期幾春。人世百年黄粱夢。茶亭有跡更無人。

あはれ世のうつりかはれるためしとて
はかなきひとはなよしのゝ花
はかなさはなれしさまをはなちりて
花にあてさきまちうるしこゝろなさ

鳥棲山櫻

鳥棲山は名不記ども未考ばちる人
ねむとみ不幸とやいはん

送目白雲待鳳凰風飄花錦似翺翔鳥楼
山下梧桐裏独恨吾生後聖皇
此までハよしのさくら咲より
花のかしこさのとこしなへれや

嵐山桜

峯乃茶屋より二町斗行て左へ登る
乃桜なハ嵐山此花也。毎ことや亀山院乃
御時。吉野より桜を移させ給ふとや。何もとも
さゝハ紅葉多く。吉野ハ桜多しといへど。此ハいつれ
た

嵐山花綻起春風瀑煙霞香色濃疇昔
塞嶷移此景吉峯櫻樹洛西楓

秋はさくらはよしのゝはし風ふ
花ともみちのえやあらし峨
咲しても紅葉にほひしあらし山さくら
たれのくともゆく葉乃一む路

千本櫻

飛鳥井雅章にのふかきに従て咲中を
てふきやはなもよしのふかくよし人

花乃春ハ世でことしはなりし出でぺかぎらし。
大和もろこしいひならはせ
歩ミ追花玉界行。枝ミ相映串瑤瓊。試春
尋見下株盛。今日満眉千本櫻。
ゆく雲のとしの花はゆるまのく
ひと木はさく春ともなかりけり
山姫のちとせのりけすまひのちかさもてり
色ひもゆかしき花乃名ハ那り

責觴櫻

よくしりまをしゆきたまへ是にていふ不
なりぬ。此不ハ。後村上天皇ましまセし世すぞの
時と此ハ嫩つまセさらきて無し
不をもしせぬはといふ。人つきて哉
ちて

其一

逆主君時臣不臣。背親恩日不親子。蝸牛
角上論栄辱。今日華中無古人。

其二

南柯夢裏進兵車昔日責儭散火華依勢

折枝無道處。落花狼藉耐嗟。

道をなさけあれハ乃こゝろなき人ハ

これなと花とおもひぬなりけり

日本櫻

せかいのたのしミハ人ミな見ることなりして。

公家も花の櫻。峯も山嶺も花。風流く

うつりて。眉目も共にあるかなあまもした。天下さ

よくよくひとしくして。日本の花をいれあつし。

夢見草 一　十二

くわとうし

其一

穿却一貫日本花。千山萬壑入斯花。春風若有愛櫻意。只吹青峰不吹花。

其二

回頭木末觀櫻花。妬雪似雲總是花。撮大地來雙眼裏。得名日本一番花。

よみくひゆしともまよひとところ

これのさうしのなさまわとて

日数をへく乃花咲ひてめり見んすれハ
風乃のこるらせんして攸き

吉野ッ櫻ノ苗

日本ヵ花盛ゑてく°多武峯并門御室ん
往来乃道はなかはひらうて也室比及花
桜盛へをいて°去は大納言雅章卿乃°
よしのおもいてねしてをて家ニ桜三十本
を植させくハ候らみすいくはくみの°
咲しこ其花咲きてこそ詠をしつハ

さてくすりとなりしなとて。種蒔には。
春ときさきたる。色々咲ちりて。ながむるよ。
ほそうよきものなし。やさしく二本
三本。もと、つぎたれて。くださるは後の
これもて。飲と又種うとて
古人種樹楽今人今日又栽歓後實栄木八
発花應富眼枯朽販竈可成薪
ゑ紙又むかしといふのこれ世の
ひとの為しのたすけなり

桂までハむかしよりなをなしきて
花よりいろはかりいはさきて
しらまて花見てゝ花は桂あらん
さてはむかしのさしそゝろりへて

亀石ノ櫻

多武峯にかよふ道は七曲坂といふ
坂中に亀石あり此所より桜多し

山櫻挟ㇾ路自屈伸。玉龍七曲坂崢嶸。幾年
曝ㇾ甲此亀石。浮木花開劫外春。

一 雲乃海よしさもあれさくら咲く比る
この先のいとを花乃ちる波
まして見よしさもあれ桜色よしの
花しさゝ峯よ海を見る哉いし

花園山ノ櫻

七曲り乃坂のひとひら花ぞ盛りと見え。西園
寺入道前太政大臣乃。みよしの岩花
つをう世かけむ。林葉よくとも春の花月とし
よみ給ひし。哀のしたふべし

櫻樹春粧白雪顔。君民共賞嘯林間。文王
經始靈臺樂。芳野天然花苑山。

春日みもとさえをぬ宮瀧見しの
うとミ寿包よ苑花のやま
包まれ花をれとみしい志残宮乃
春日よこさえぬまそめし山

櫻田櫻影

苑園山乃林藁七まそ色代坂乃下よ。桜田と
いふりたる乃山の。桜乃紅の緑をいふ

へし。里人をいま。多くへをといひてを。名
水張せさ入て。奥ぬしのあ花咲を。いとし
やうし。道助法親王の。自らし給ひ
し。五十首乃歌のうちよ。よし代山。されう
植ゑんさうし田乃。ふく代苑のたて里徳。と
よめる是。代田乃しるへし

其ノ一

不磨不礱幾回春。艶映水鑑似玫瑰。谿底
櫻田清一面風。吹岸對雲花塵。

其二

山渓水鏡歴何年窈窕粉華影美妍魚鱗
鱗如奪富貴櫻田了似貼銀銭

をしへなる花のことはり見えよしの
山さくら田の水のおもてに
桜さくのよどみは代ゝの色ぞ添へて
ちりのひくとなる花ぞ見えける

隠松櫻

七まがりの坂をも山のうへて六田まがりの

ふとゆあひくされよりきてはじめてきた
隠松とて道代中よにもとはまのことゝ
桜乃ねはされどはあさき松之いはなり
かくれてみえんを

其ノ一

芳野山中尋隠松。白櫻園遠蘊蒼鬆。
歳寒正好顕孤節。春盛譲花自楽冬。

其ノ二

一對両分成木公。脱山却州不崧崧鬆除

髟ヲ弗ス可ラ除ク尾ヲ三ニ分ス木ニ公十ニ八ニ公。
春は花乃雲よ埋もるゝを乃作り
冬は雪にもてかくされん
いく春か花にゆかりもよくもまれ
ひとりやみどりのつねならしき
はかなりの木々葉もち紅葉院なようしの。
ほとく出ておれ不正儀やな。花さ枝なんと
いとしろきそこにひと取ともさこ
也まさに枝はとうしかへを

夢見草一　十七

よしの山さくらかえたにゆきちりて
ひとや木の葉よかくをまねけん
知足院殿よりしたり
さるほどに人々ともにおもしろき人々よ
花のなさけ葉は嵐のことにいふ
風情ともつきまじ
花のえんとおもひしよしの山さくら
さくらをいふてもえんとやさん
萬代えんといふといふかひなしと

おりひしへゆゑよしのゝ山

山ノ井ノ櫻

隠松の左なる山は。山の井此水なり。

此もと。山の井ハ。おほく。みちのくの阿さ香

山。近江の多ゝら山よもと。家に又藤原

の基俊此。とよしの。山井乃ほとりにしきて

くや花のかひと。とゝくしんと讀る

ことなり

竈沸タル濫泉活ス幾家ク。櫻花相ヒ對ス水菱花。比来

夢見草一　十八

芳野ノ山ノ井浅瓊ノ斎影ノ中ニ汲ム閼伽ヲ

立まさくいさみてよしの山の井の
にはしらしむ花のかけ見
あさくとも花ぞくみてよしの
たれのとみれ山の井の水

閣屋櫻

かくまでも金の名を見てはや関屋と
いくよあひさ桜かな

香伝渓處閑ニ煙霞一刻萬貫ノ價可寄賓客

盤桓更ニ不レ進マ天成ル開屋在リ櫻花ニ

行あひぬるに山乃たをやかなる乃く

やとさくらを花とわくなかれと

れとよ人をして山はよりねもと

花乃ねさしれをき風とてなお

發心門櫻

金乃ゐ各は何人門と見ひてし額乃

ちりとぞいれとのれもやわらして花ま

出れもちよにりいましへ熊野乃詣あよ

夢見草 一　十九

難波乃大江の岸に。久保津のまうにけまへ
わて゜ミ花くさし。十王子は色々参り
門乃王子は是。九十九王子は熊野乃随屋
乃王子とぞ。ぬかづくとかや。権中納言経房の。
これしく吉沢のちひはあぐ人まて。人は
松こそとよいふら。とよみ歌。家集
を入ぬ。きこし葉ささしく海士よ信て
侍る時。其人門乃王子までしるなる
たし。い

逍遥山中思不群一朝直入残心門銀華
忽放金華表箇当陽無上君。
まいひとたひみわたしてそはなく
くれのしてなれおくとゆしこさ
まもおなたのよもおしてつとよさて
せいしにしのうつくしとよき
さざなみてくはれたてうときく
ちやとへとなきころのしてなせ

藤尾坂櫻

夢見草一 サ

金乃鳥居代やそて西乃つくよ藤尾坂を

石井坂とも云

春林蓊鬱彩婆娑。縦横蔓延結網羅。玉帆

掛櫻藤尾坂。清風西地起花波。

いく楷あまりの続きてまとくなく

これ乃名をし本に石井坂とも

見よりの花しきふむ花を名乃

うたよくとふ藤尾坂か

ひらけ藤尾坂まで源九郎義経乃。

わりなく静なれば山乃花徒みもまくいかで
とあしらひうきけしきもなく気はなく
往歳義経逢不幸。衆徒無頼生擒静。今看
藤尾坂栄華三復皆歌妾薄命。
よしさとよ月よ花よとちらさるときも
たつまえへし多乃世そうし
たれのたか花をはなしよらなはい
よし作はなる世中そうし

御船山櫻

金乃峯は。むしつゝきなる谷。合陽て
御社とて又名所あり。柿本の人丸の。
みよしのゝ。み吉野乃山より雲は。きえり
かしんと。詠れをいふ。みとよあり。正三位
家氏は。浅乃上よ。家隆又は。ひとしく。
三条乃山は。さくし成名うと詠ちらも外
作者山寺よる歌ね。ほく。は。浅乃しくは
山とはそらに我乃巳の御巻乃山は。むしも。
山乃あくとぞ花にて。にほ姫さし。やまかも

落暉越嶺暗渓間。風吹玉梢花浪還。何歳
暮来斯地盪。化成吉野御舟山。
ゆふこりの後うひのはく代にゆはやま
夕日かけこそ花にし波
うつ乱る乃雲ゆかよはなてこそ山
たるめさきて雪の花の下波

饅野山櫻

金乃ことよ石のあり。ゆくしゆもふはり。
又いこさゆく乃山ともとりこ

漫々白粉繆林閒。玉屑蒸雲饅野山。鹿走
陽烟鷺藍景游人帰路帯花蔓。

しらくもとみゆるはさきの山の花の色
ひともゆくれなうへはなし人
しられてまいるいまさく山さくら
花の〻の花ちるらくとよ

櫻嶽櫻

きねてと山のかたらよ。桜の嶽とて候ふ。不
しらぬもやさしくおかめて

白雲翻テ杪ニ當リ帷幄ニ春交テ枝ヲ連ヌ玉璞ヲ騒客
詩人趣向成ル髙ス名ヲ吉野ノ櫻ガ之嶽。

花も今さくらの嶽のしら雲と
なりひとよし乃春にそちらは
見よ はしさくらとさて見よの
はくらさくの花のしるし

二王門櫻

金乃鳥居からしてこさ二王門
なりぬ。三門とならへて

其ノ一

有空中道鼎三門。櫻戸聞眉八字門。怒目
火頭雙蹤跡。相呼為號二王門。

其ノ二

口口口開卯字門。落花狼藉制山門。金剛
杵影折長爪。布蓬打童力士門。

其ノ三

芳野山中構郭門。櫻花當戸白雲門。火頭
落殘鶴林夕。宿世因願護擇門。

咲匂ふ花のミよし野ミなくなり
わけ入よし野山乃花ゝ絶や
見よしのゝ山桜戸の方に花盛
ふく風さへ匂ふ花のしくれかな
萬よし乃ゝ山花のうへを分春日の宿
かねて匂ふ香も花の白雲

藏王堂櫻

二王門よりも門のまへ西に桜梅をいたし花ハ堂
ありて花咲と思ふよしのゝつきぬ施

奉納とて

其一

應物現形菩薩心。神頭鬼面髮研鐵。昔時義楚說靈異。今日仰高吉野岑。

其二

尋常折杪挿瓶中。直供滿花芳野宮。添得游人歌舞袖。年年歳歳幣無窮。

花乃まに神も仏もみよし乃く
山のさくら乃花として作歌

廻文詩歌なしてよみける

芳野山櫻山野芳。王藏美景美藏王。望春中嶽中春望。當至此花此至當。

やよさくらちけんよしのみそひらひ
そみのしよんけさらくちよや

四本櫻

花王堂の前なる庭に。四本の桜をよりく
の桜に。蹴鞠の昔語わりといひ出て飛鳥井
雅章卿の庭也の場に。移し植らんとよしの。

よしのゝ桜。枝を紙となし。とよみしかい

此桜はしたなり

花鞠落懸四本櫻。游人連袖立中央。銀沙

庭上楽春暮。履底残香入酔郷。

咲初のころよりか移して見よしの

よしや花さくらさかりしまくれ

天神櫻

蔵王堂の西のかたよ。菅家の社にあり。

昔椿山寺の。日蔵上人の。大峯より移せ

甲午乃休よ。又桓姫しさまてしとなり。
こ河くきれひとりよ。あさ乃桜花咲て。瑤路
とのうまさあやしなましの。はるとなりぬさ
とあとかへを

其ノ一

鳳闕數圍逢祝融火雷怒震大成祟。菅神
垂跡櫻花裏。日蘊種生始此宮。

其ノ二

生前忠義與菅氏。死後異靈盛桂枝。華表

夢見草 一　廿六

垂櫻貫テ玉ヲ挂リ。恰モ如シ瓔珞ヲ飾ルニ神祠ニ

久かたの月ならて花をつなえく
さくやたくらの花のむらさき
ねさよ今春の玉とてもかゝるや
あさしれさくら林のまく

大塔櫻

天林の当代くまで大塔を保つ泡の宮
いかゞかしこくそしくかしくいつをたまへよ
して花見の人念仏をとなへて菩提思

とくの融通念仏のこゝろにかよひて
彌陀如活坐金萼圍遶七重櫻蒔中諸上
善人同一處我他彼此頭融通
まく覽く詠めこの頃く人せて
うるひしや花ぬ花にいやしと
かの出家この花とて色人めく
あつえのいへ本こうしの花

地藏堂櫻

大塔乃南にくる地蔵堂にあり稲麻竹

夢見草 一　廿七

華のしべ。ふ侍まで。おこなはせ給ふ。
なりしとも。又花とこそなして
占察十輪開道場。分身千體地藏堂。萬花
露月一天月。磨露華光接月光。
ときは人のくもる道にはこれのごとく
されむ木のもと月にはなれなく
月には露ちるさくらの花ならす
思ともあつさ成春の夕ぐれ

観音堂櫻

地蔵堂のひかしのつゝきは観音堂也。其子

なもと奉りて。ごとひとり花見つんゐるよ。入相の

鐘しらさゝくたや数経よふく聞えて

終日攬櫻入普門。忽看媚景到黄昏。吾人

回履鐘聲裏。驀地観音浄耳根。

はくと探りして見てゝの

それ見乃あそそよ入あひのね

色しかとまたぬかかて入ねの

ゝのかしらさ枕よ寺乃夕くれ

知足院乃何かしより糸桜乃ことまてお
おくりて
よるとしもよしの乃花乃さくら
ちる枝かはしく思ひ出るもめの那
一のくいひくともまね

芳野夢觀草　二

吉野夢見草二

ひめ君はよしのゝ山に遊ひて峯より
峯にうつり、谷より谷に行に、花はちれ
ひ、桜はかりて、行しに、ミる家経より日も西山に
入あひの鐘ちさきにひゝく、数路よこそ有。
道すから、風によ露ちる萩花莚にうつら
て人もとをさぬ姫かりして、やゝく草の
庵よりうつ仏ひく、沈のこゑして、えかく
のこと手に行ぬ、しらへまされとて

夜もすがら竹の葉の風に起てさめて
きのふよしのゝ花と見し夢覚たれど

終夜夢還遊吉野。覚眠一覚孤燈下櫻花
三昧幾回時寤寐由来恒一也。

はやとく外にいでゝ隣れ寺の庭を見れば
雪の降るやうに花のちりしくるに

軒竹和窓不寂寥。狂風終夜拂枝條。朝来
鄰寺満庭雪。照日飾籬花未消。

さゝ風にふして浄さへなりけり

庭たとしはさ花乃し〳〵宮
婦かとれ庭りはおきちて宮を
夜乃戸れ乃世の花ゝとゝ〳〵と
こはれ林藤ちり芸王堂代ひは中へ紀吉
堂乃まゝかそいて見ありく代比乃上忌
紙上ぷんれて帳てねぎの大播よ竹子宮
と見し花紙ぞ大い山はよれり弱ぢて宮
して婦こすちよ芸てくぷ芸王堂乃竹い
こさてりぷアとゝ年くぷ体しひし。林藤　山中おとしけくのこと。花をおくにかといへと。
行ゆしさのすゑに笠咲さにえなれ
ておゆきこて

山麓山中鋪爛銀不知山上有花新草鞵蹈徧未観處戴笠杖藜歩玉塵

このまてうさしの櫻をよいすゑ
咲きて見えし此花のちる色

實城寺櫻

花王堂乃西に實城寺として又は金

輪寺ともいふ。これは寺にて後醍醐天皇。
延元のとしのとせ冬十二月ひそかに御幸
ならせ給ひて。この寺院を皇居となし
給ふてとや。されば吉野拾遺といふ文にも
侍るよし。是帝はいとこさ。世中移りゆくこそ
ことよりのかへさはわさと世に給ひそう
しれどもさへさつくこのしるくれそく。
甚ろとふ斗かな。御なれはさとぞ
此ころ。ごさんとなたつと。御庭

夢見草二　三

乃様のやさしく咲なる花ならんとさせ給ひて。
白菊乃内侍よ。侍りとなる花なれ家なれども。
雲井乃様ぞ花よそらにかゝる花。居て
打みて。なかなかせ給ひてや。今居りけるや
しく君。様乃給よ歸させて。時は風しては
色よき流る枝花しくと。かくなれ枝や今宮
色めて。打りひそめとて。被ひら政にて

其ノ二

蝸牛ノ角ノ上ニ諍フ浮生ヲ乾闥婆城 非ス實城ニ思フ昔

金輪王住處。今吟帝詠送花櫻。

其二

此寺一朝成宅家。金輪王種寄生涯。貫城
郭變化城郭。尋蹤感時淚濺花

いにしへのむかしの春のまくらさの
これのみこよなきをましるらむ
くもゐのよそのよしのゝ花の色と
袖のみまよふよもの桜か那

駄天山櫻

夢見草二　四

花王堂より。山のきへ。一町斗とゆきて駄天山なり。又いとて山をといふ所に韋駄天將軍ハ。おもちらともちらしらうよ。五行ゆき。稲荷明神。熊野権現あとし。同山にあり。社ともなく行よ。三社のきさ近き。桜乃。社のもとちりしき。日ぐれよかてやさとて入ぬ。

春光曄々映花瓦。櫻樹行々連鼎社。韋駄天將德不孤。為鄰稲荷兼熊野。

たをくらきこもりて乃山さくら

花乃めしこきみえのみやしろ

一房人多く詰居て挨て集まる

まて山よりち多花にまさる

朝原櫻

駿天山乃東のかたに。胡原といふ所。

よしの山。花さかりなる。ころはやよひの

原のとましい。後は捨を集よそりは。

宴乃ことうたを

靉靆霞籠櫻錦巓尋採名所擧吟肩曦綸

夢見草二　五

輾出朝原上徃看花近午天。

桜さくはしらの原りは家白き

ましきよはしくれなゐの玉

見えしの春はあさの花見れと

匂ひよるさむしさくらかな

山里櫻

はるごとにもとて、やのとかの花は花盛

なる家種よ、秋の時雨をと、里人の春よ

主よあしよ、あるしは花と花を、花の今

ぬるし。あふくして。はるよかさ、ねてきぬ
とハ見てもぞ。茎木の根屋の採戸あらり。
見ることせし。やいさゝの採ると。絵よ半る有
やそよ見ゆ。表風の指紙さきひて。ころよ
いり。浄名の室れやうして。かきのひ隠
のひと。香積の飯のやうよわ様也。彼もとに
山店との風景。ここにあるさ昨年の絶し

齋時托鉢寄民家。窓裏看花喫饆饠。櫻室
氣分香積飯。依俙亭主老維摩。

ときはえてそら見えまかふ山桜よ
これのあまり此姫さくらかは
とあしはま花のはなり此さくらかと
深く見えしの桜にさくらなり

吉水院櫻

よし野の桜より。二三町ゆきて。左の
かたに。吉水院といふ寺あり。むかしは
当院の住守。文治元年の冬。源九郎
義経。落人となりて。此院に来られし。

蔵院といふ寺へ入て。左の方におく。
中院谷より。みなみのくぼきにこれよりとも
名號蔵院といふ。それより。佐藤忠信か
旧し跡あり。人家の門とこそ。それて多
武家の藤室十字坊より。かくれ家とぞ
又吉野拾遺より。後醍醐天皇より。野へ
移らせ給ひし御所。又の名を。しのぎ。春日月影
吉水院は宗下より給ひし御所なり。
見よしのの山の山ちかきに。今いくかすてで。

花はしら雲とあやまたれしはよしのと
て。花さかり。はいはとも。云て雲にわかれ
きりよ。見まし乃山。と勅答申けるを
名高み。此院乃御幸ありて。我乃庵也。
桜となし。志つく。波と浮世よりて。
川乃音。がたえまきこえたれ。花よ経て。
ましやうの。よし水乃。流乃あはれなく
春と流詠まして。此院のこと也。今み舎詠
と老人。おりひ出て

憶昔問櫻白雲吟。而今尋路到珠琳嶂雲
凝嶺花尤盛所聽奔流吉水音。
ふたしかきとよしのゝ水に
花のうきはし川波のしらむ
山桜さくとゝいかきむうつして
よしやよしのゝよし水の花
みてゝ雲のかゝる紀己よしのゝ花さかり
よしミ川みてぞ春をしりけり

櫻本櫻

吉水院より堂よくりて西へ行て桜
本大塔寺とて大峯の先達当山
の名房なり。行て見きて。いふもあれなり。
叫けしこそて。春のゆく思ふるとも。なくて
てあはれなり。わりなき戸ならびに推
しかつと敲(たゝけ)とあけさるれど。推敲の
詩作り。賈島が手にまかせられけ入
ね。あはれなるや

其ノ一

閉門庭外手推敲暫解拳頭識厭聾送目
椽擬孫敬户不観櫻本観櫻梢

其二

推敲停立閑門廬何欲春深成蟄居可許
花扉闌入見窺閒偷眼欄雙魚

見よしのゝ桜のもとによれこそは
春のわかれをおしむなる
にほひとや花のうへにほひを残し
はなちるとよ猶やまへる

御影山櫻

桜本より。ひしのさよ。こされと。辨財

天の文あり。たまに佐拙比林の梢あり。

比林の山路。影山と了。天人の影

梅のしもり。ひとや。花有井稚草も

のはさきさよ。さき此林の。ほとりや。

梅よ花了。風も吹きて。法の路。言出て。

佐拙比林よりまして。匂ひてしらく

感降天人御影山。高名流布落人間無端

藏跡似王母清見君崩憶去顔。
くもとゐるさへはしめのみくるまや
ゐにしへにてたくらさせ
はなさくよさなこれはやみとりなん
これのみちをの山さくらかな

袖振山ノ櫻

勝手乃明神の右ハ歌山たれハ袖振山也
天武天皇。白鳳八年。八月十五夜。月乃
くまなきよ。清見原乃みやにして。御こゑ

く絶琴を弾じけるに雲気たちて。
天女あまくだり曲に應して羽衣の袖を
ひるかへして五たひ。をとめさひをとも。
このゆゑに往よ舞ことを。をとめさひとぞいふ
ひしなり。袖振山といひ。天女の袖の舞
しるき故に袖振山といふ。又吉野のよしとも。
おもしろき海をしたふ吉野の樹本人丸の歌に
をとめ子が袖振山の水がきの久しき代より思
ひ初てきと。又後京極摂政太政大臣は。花の

冬ばれたるころしも世なり。袖振山の春の曙
とよみけり。又松翁の捨まを綾て行など。後
醍醐の花ともさかりの花の頃とせさせ給へ
るよ。あつはれよき斗なる事もさ夜ばなし
しかけ給ひなるよ。袖振山中ちくみ
えらぬされた。袖人をまはしせと号せよ。
まゐるものひしるし給ひとこらなら
させ給ひ。月よなかすてわたし海名家
ありけ。言夢ともなく。袖振山のからり。作雲

乃まなびさく。菅家乃御庭に。名をも
し桜乃梢より。と俺りたり。此ときうし
てらる。御堂行く人は。しむ乃ちゞさ。
もちいれまするゝ。尾し。なし雨と御洗ん。
家志るは。天は世乃。花の袖しさとも
なく。詠して。雲られなる紛ばらん
しをてそ。待たるゝと。え。今みれとも
出て。志らく。ふきり。春ふりひて かご哉
こと。かく。咲とはる。ても春雨乃なれ梅り

て。こそあらなさはましく。
天女儛袖振山。朝雲暮雨値花顔感琴
應詠二皇跡。彷彿高唐櫻樹間。
みよしのゝ袖ふる山乃それの宮
木陰に行とちる櫻なり
こそてみれて麗はしくも乃わひ
花乃袖振山乃をとめ子
しめる袖ふる山のたる一雨り
ぬれまさぬく白玉花のを

勝手ノ社ノ櫻

勝手明神ハ受鬘命（うけのりかこのみこと）也。天孫降臨の時。三十二神。あひ従ひし天くだりけるを以て。護出住已よ。くだりし。三十二神と。六十四神なり。其のしるし。受鬘命ハ諸子安産神也と。六十四神式よ見えし也。又文治元年了。志れは。法来の兼綱申し。装束寺へ入よ。源九郎義経の寵あつて。静御前よ納まる。又後村上天皇。咲久生乃色よ。奉らせ

歌人は。詩人は変の気をもて作るなりけるとせ
歌て。無心にしてひたすら作なくてもよし。
詩人は作の。句をも作りけれ。とは詠まれ。
玄恵法印は。言へり。然れども又師範の。首尾
和歌よりも。已んぬるものや。詩人の変化山をも作
り作人の。身を嗚呼りぬるを。此もら。詩人の
作は。主なら。祇園山り。立歌人
人ノ心有ル虎ヲ又懐ク狼ヲ。一ノ忍大ニ勝ル百戦ノ勝ニ。可シ信ス
明神ノ勝テ手段タテ。吟シ花ニ嘯テ月ニ勿レ傷ル鋭ヲ。

花ありこそ月よりも花惜く外なき
うかれていふよりもくれ猶いはし
よし野山花の盛てとありまの
かけてよそりもあひく花見てゆく
月花ありこそ世を惜く人のまれを
しまのりはつくて詠しとも

塔ノ尾山ノ櫻

勝手の神より末社の花咲きて。千町
斗も花と植えて。塔の尾山や花と倫なる

る。法ミとなり。此寺ハもとハ椿山寺の目録
上人延長のころ建立して山路あらため一百
寺の本坊並坊舎ありし。往古の僧坊あり
然ハ十万部の法花経読誦し給ひて
時もあらし。又往の曼陀羅あまたある人
の加持経ひし。二十人僧の加持役、堂舎今
ある此寺よりあり。延元三年より後醍醐天皇
後籍なる。又楠正行の申下る要文あり。
ミなそのまゝのこし置給ひ。寺あるに、如云

輪紀着なとし。本るよまりて。寺に名る
よふとせ。又御とけ三天の花主従此の
像。頂しのこちよ。の世作よ。をやひ庭よ。
よしの山より。熊野山すての神社修硯
硼天宮の。泉そくされ盃を替へ。に室辰香也。
水くさの流れとの。宇さくらくして。
いんさとなし。を外寶霊寶什物など。拝限
くて。かきんそしくらさ行也。又天宮道衛
の存よ。米帯に御くくら衣を。一天二寸の

花像てり。これを作りて世にひろめて此寺よ

おし道を世に行はゞ。あまたの人よや庭の

桜なとの。年ことよ。春秋のまとに。さし花むて

見人をなれと。ものにてたれかなみしきと。

見奉りなと。信しうれしきて

萬員塔頭頻生榛。千輻轉来如意輪。畫賛

吉野雙野嶺哭。花泣影寫照眞。

見よしの塔尾の桜とし此乃

ものとりそうまて見け

三熊野やよしのゝ山の桜絵の
あとをしてふるき花のしをり

御陵櫻

如意輪寺の御堂は後醍醐天皇
の御陵のこなたにあり。南朝の延元二年に。
崩御ましませ給ふ。吉野拾遺に。八月の頃
より。秋霧にをかさせ給ひなむ。時に
悩ましましけるが。同じき十六日の
夜。親王を左大臣経忠公の亭より。御

し奉しを行ひ。三経乃は多うどゆゑ
れてあしは行来乃して。こあやかり。
なれを意らとくは祝と法華経とはたな
乃はまてり。御し行より。さまひ乃月とを
てり。やらうくれさせ行ひらかよ。はさきてうひ
奉ありく〳〵いかやゝ深よあよくら
すんし行ひゆかはまてさはめてさめ奉
ありしかはと輪寺は堂の。し深かてよれ
さと奉りしはをとりして。く〳〵い海り行ひされ

夢見草二

十六

ととぞまるくらゐなるもあれしに顔乃前よ
なきはして。其のくも色は絶絶待て。か絶れ
給しか。ゝには龍乃あるらく。安庵にひさて
ひく。なきは給まて仁よ以らなる。色月
乃十月あたりの月。ときやうよる所あり。
ひし乃にしはとなりひむしてく。よ。菊
くみへき。いめへ給。なりひむとぞ。てある月
乃雅。と仁森乃派しなとて。正午にらばく
乃出のとし。ひ月に。楠帯刀正行。世にあと

しろしめしひとあまくだらせ給ふのねとはし
ろよ。こゑのれる文々多のまもら尼しきん
とぞ。是帝代々廟にましまして人給ひとのよこ
ひさしめ多ぞどもくれ給ふ。自筆にて如意
輪寺の色去悟まうまつも。其のしるしあり。
各留半座乗華臺。待我閻浮同行人
といふ要文給ふ。又ぞこしぞとるへ人給
侍やもん。花のしてもののなくは。てこそ
駿給ひけり。願以此功徳。平等施一切。同

夢見草二　十七

後喜撰人。往生安楽国と申し一首
の歌は法なりかへらしとぞ称して。
あれさらぱみさき教よい云。名従てむ也。
うひ居りかる。今の世までとどむ仍
はまちぬ。又聚田久雪のいへの池の庇よ
りなして。桜花して。植ととし花の下を。
見よの。とゆきの花は見やはさん。と詠
とし給ひ出。庭の花も桜ならく。
蘋蘩として奉る。玄門法の游行人。

此山をもとめられ廟に寄せしことは本
の葉にとれてぞはせにへ人を召作へこと
てはまんにろのいうきほせすをしとては
あしく見ゆ。そよくれしも
在ニ位ニ王侯過ル隙ヲ塵。宅家天下轉ル衢ヲ輪。櫻蹊
埋ム梢ヲ松栢ノ廟。拈ヒ香ヲ槙テ樹ヲ祭ニ蘊スル蘋ヲ。
とし月の花にに宮しぬるたる
こゝろえまし見るゆきこゝろ
桜花にちるにさしてゆきての

にしかもえとて柳樽なり

松翁舊跡

野山集といふ文は凡絡るよ吉房胡佐は。
又あさき忠信みなしか先帝御たちあ給
終ひて後はつ居れ寝してとにてきえき
下よ居ひをひて松柏の冬ぬべしとや
松翁と名はきて子貢の喪もなとう
をねこうひを夜して後へ大安寺よ公連
胡佐の遁世して後名は古董とにてげ

ぜらるゝが。ぜんしとこそよ。古琴和尚とて。
黄河の素紀禅師の法嗣にて。雲門宗
をとうへ。河内出経山よりをとゝひ
て法語済度し。風んしてなき。知識となり行
喚。その発心の師よりの友なきとて。わされ
うくて。半。階を過なりしどもとも経
ねりひ出して。ぜの行路それど。はさるよ
志もさくし。杉の志なくとりて。霧のむくな
ありとへてば。仏出してさやうの経とへびの

くよ゜しまし夜なりにし松にて侍しとぞ松山にて

たてし侍りて

新薺風生聴古琴雲間櫻放許同參雲門

宗旨支桑少べ嗣得タリ松翁ト與古音。

まうせ給ひし松のこゝろは夜をかせて

たいらかなる花化しし雲

松山のまんのまつくれさくらなる

指すのるゝ音して花見なる

竹林院櫻

如意輪寺より。里乃ゆくべ人所まで行て。
竹林院といふ寺あり。竹乃夜さ代内なる
庭あり。桜乃花の咲く。花ごとに花にて
入りやうに見ゆ。むかし此寺に。玄碧を
乃様に似く。をひく僧をまらせ。此僧とは
さんして。大弐法師といひし人数僧
乃名残をとひ。和哥の浦浪を娘と見し
人なりしをふてき。あへ八条乃宮七花見
てり。此山にありしと花。大弐法師乃はら

夢見草二　廿

なるよしの花代本乃もとよりかゝいに
ま郭人なども見るよ八条乃宮也
しるよしの山よもとむて八人ともや似
乃花をもさ包みてんと詠し給経冊
今よにのこるとかきむ

文殊ノ智箭竹林ノ中。居翠再来ス也タ大弓。遠嶋ヲ

琅玕園ム櫻ニ詩ヲ。恰モ如シ衣ニ繊ニ美花ノ亮

さくらさく竹乃林も名に高く
こや花ここと見るよしのゝはな

よしのやま色をほくはく花紙
作乃屋をせのみかよ地知る

椿山寺櫻

椿井の桜山寺は日蔵上人のもと住し旧跡也。上人もとの名は道賢といひ又名は嶽の上人ともいひしとや。諫議大夫中賢者の清行の子にて延喜八年洛陽に生れ。同十六年十二歳にして金峯山に椿山寺よりかさなれ深し。山峻くして

八穀絶てとてもなくなれバ浅山一遍檐
の者よりなをへ絶穀ともちゐ食草
衣の者となり六ヶ世御経様よそくるに
いとひのり風を行いさせてどのそいひを
成しとて古法よりのり病ひのへてきこ東
幸よしして密教御なひ今生よ仏
来し天道因縁あり蒙こり志願よりを
至る三七日かくやもちて立てして密供
修行し行よりさうさ八月朔日の午の時卒

の。備後の代官より。兵をまきいてさめんとせしも。云ふのちらひゆとく〳〵とよひ行して。ゐし入行よ。求よれし。うらく。葬しきりゐるや。十二月はへて。よきかゐり行よ。その同路のあいさよ。執金剛神。雷山の水はごりきりて。渇はやむ。二十八部衆。飲食はさけなく〳〵。飢はのとさ。龍王菩薩。延命地蔵の法はなしへ。ゑは人まして。八附の文字はく札り

夢見草 二　廿二

きゝ給ひしく曰。日蓮九九年月王護と
なりし。又天満天神よりまゐりてこちらの
文字義をこひ給ふ。天神その儀をとき
てのたまはく。日は大日なり。蓮は胎蔵界
なり。九九は八十一なり。年は八十一年也。
月は八十一月也。王は蓮王なり。護は守護
なり。されは大日如来よ。海会し胎蔵
界の法性が法界縁りせし。蓮生か
護にありて。命終のうまでは八十一年なりん。

ミし三藏懺悔ありし。むこさつましく。八十
一月あまり。ややく名と。日毎と人をとゞを
しへ給ふよしにて。道興様をつけて日毎
とたつくさめ給ふ。又毎王菩薩。とへとて
給はらく様をせしめ給ひけるよ。其代時
延喜のミしはらく。此音とゞまらせ給
ひ。けりきれてゐて。よへよるさ院を
給ふ。我世よなりしば。しくへのきへつゞく
し院とし様まし院よ。かりになして。

蒼相亟は人にしての旅よさとりせし
ことのはをくもむくひてかなしみくしき。
くるしきはしくなことよ。上人伊世行て。
ほつくよはこと代出のをさ夜はと人は許り。
蒼京の社はそてきめて一万七年
那婆は侍くりて代参しけるしとは。
まそくひ行へとおりしとかや上人蘇生の
はこなそられとまひ行ひそつらしとは。
まねくもさせ行ひてきん。花山院宮え和

元年。上人ハ。八十一歳にして終をとけ
給ふ。其跡を世にしる人のなかりしか
なしとや。むかしの跡を。かゝりける人。こそ
あやしきなれとそ

埋テ跡ヲ椿山ニ飡ヒ橡栗ヲ櫻花深キ處勤修ス寿ヲ延長
年月日蔵師。九ろ元来八十一。

玉の緒のながきためしの櫻や
いくとせ春経しよしの花

梵王宮櫻

椿さかりのひまもたどるころ花さかりて大梵天
王乃宮にかはらず代々すまさせる代。
天王橋しるしおかけりとぶよそ海の花
とあるとて

天王橋上輯留節両腋自然生薫風回首
四方望碧漢櫻雲深處梵王宮。
見るさせて桜乃雲の中をみ
にのえんつしおやしさかしるなら

吉野夢見草二絶

吉野夢見草　三

吉野夢見草三

猿引坂櫻

梵王宮のうしろなる坂を猿引坂と
いふ。猿は陰なるものにして陽なるを
このむによりて、桜に猿つなぎて
いふこと、草木子に見えしより

自愚遁世愛山櫻。因智着縄入産城。朝四
暮三猿引坂。特労四手舞庭鳴。

をとゞめなかりしをいつとなく[illegible]

助となりくくして見よしのゝ花

さるひさの後しこささえよ花なられく

ことはまし花の花盛しを見て

布引櫻

天王橋をすきてゆけは道の左に布

引桜といへる家ならひの庭まて咲く

こまて見んもとて飛鳥井雅章卿の布引を

おしこさと見ててふしのやまぶなりて

よそり花の一しといふもの行よむ宿もり

ゐひはりうた

黄鳥如梭飛往還。白櫻千仭纉渓嶺。春来天女織機否。若不布挓此錦牽。

桜麻の布はまよはく花のたえ
よそにしても見よしのの山

山ひめのをりえてはるを布ひきの
さくらそまさ見えうつる花

高のはやまる峰とよしのの
布引さくら咲よふりしを

夢見草三　二

龍尾櫻

よしのにもこれし。龍尾とて人ぞ知る。
なりて。花咲くこと

杖頭桃日度山嵐。櫻放桃飛三月三。魚化昇天龍尾嶺。不知何處是淚潭。

風さそふさくらをも人のそのはら
のりゆくみねの花のしら雲

このまで瀧よりとらし翼と見る
花乃雲升けん人乃尾けり

禅定寺桜

禅定寺は禅宗にして此庭の花盛んなりし

其一

磨軟桜下破蒲団。欲界無禅奈辟観。禅界有禅定寺。花明柳暗現成禅。

其二

白桜深処学安般。花気和烟飛篆盤。坐久成労禅定寺。魚鐘催起愛花看。

そのまゝさくや桜乃名も香る匕

一つくさねもれはミよしのゝ花

世乃中はさくらかりいかまよひけり

まようぬさきはみんよしの花

雨師夢違櫻

雨師夢違乃説あるは。あしき夢を変じ給ふとなむ。又家に白澤乃圖をつゝみ臘月に七夜帳にしき。悪夢も。吉夢に変するよし。渉世録といふ文に。見へたり。又雨師と云ふは。後醍醐天皇乃。雨勅より給ひしなり。

いつとなり。吉野拾をて。芝亭のほとりに。
きこえし。いとゆかしく候て。はるかに。
うちながめ。いまさはやく了。はしひはて。
はいつこひいで了。雨しづ寄り。實世卿の。
川邊あるさはこれたり。ふるとき見ゆ。
勝の宮しこさき地。正よれて。うつし出せ
よ雨ひそれて。此處をてはゐ光をさへこれ
相いとのころ出て。地のあけの白。已行は
へるて。御幸ありけるよ。紀善堂のかた

あまて。らす徳を行ひ給ふよ。り代々し
き。こしめしくだりて。みことのりく
あまく。だりの後しく。降出されて。德
堂よ志て。徳を行ひく。おいて。
丹生の社の。經兵。いのりし時よ。人
月雨の色。と御しき行ひ給れし。時よ
とあまく。だれ給ふのこと。日新しきまな
あて。はしてり降らせり。帝德の
いとしく。おもしろ行はしめ。人くしめの

しかりといはひ祭とあり。丹生の社は
より一里ばかり下なり

寶殿開花櫻尋峯。帝王逢雨駐高蹤。天人
示夢善無悪。變夢観音能轉凶。

よしのとことよのこころなき
ちるなさくらとこそ見ゆれ
雨しぬきてくさやまさくらさくらの
見しやむかしの花のしら雲

白山宮櫻

多遠乃紀喜のびひのくとよ白山桜

咲乃にほひを花と宮代やしよはにほえて

何レノ歳カ移ス神ヲ吉野ノ嵩。櫻花如シ雪ノ白山宮。清香

呼テ蝶ヲ舞ハシム枝上ニ。藤日添テ輝ヲ艶色濃ナリ。

いにしへの宮を移しの花ぞやなにと

ますよしの宮乃花宮

雲のかゝる移ろふをうつしもまた

さえもなほ花乃宮のおもし

大将軍櫻

白山権現のおはしまし西より大ね軍代は
ありしかもゝ乃花就て
垂レテ跡ヲ青垣ニ鄰ル白雲ニ可レ惶ツ天下ノ大将軍散脂
勧メ善ヲ又懲ス悪ヲ賞レ月ヲ翫フ花ヲ我カ本分。
祝ふらしき垣山乃こやし給乃
とれしよ志よし花代ゝて云
月よ月花こそ花よ秋いるを
花とこそ花れとよ行山

瀧櫻

大ね筆乃ゑより。花れのくしよ。滝桜とて。
く花けり。家よら谷よ流れきて瀑布にや
なまし。此名をなさへし。飛泉飛章乃。
いろまし。水なきそらに滝さくら。花に波なれ。
見よしの乃山でもとにけよい。高の花こそ

鮮雲喩雪比難成。更况萬尋瀑布櫻。風攪
枝頭飛白玉。疑是銀河落太清。

雲と宮よそへ流くさる滝さくら
花乃むちるよし此山の也

よしの山花はえゝてくらんし
見てしもあるな遅桜の花

雲井櫻

雲井の桜は。名におひく。こゝろよく家。雲の
やよひ見ゆ。後醍醐天皇の御製に。こゝに
ても雲井は桜咲にけりと。あそばされし
ゆかりにて出つ。又飛鳥井雅章の御詠へ。
おもひやれもてく。なくしその。雲井に花
も見えし春と。よるよた。咲さく花の

こゝにて。作りして

雲井同名思紫宸。丹墀荒廢白櫻新。昔成

詠後醍醐帝。今見山櫻猶惜春。

わかしくはこゝろとゐまくえらの

雲井の桜たえとみえやを

同し名の雲井に桜咲しより

ふるやむかしとこよしのの花

中院谷櫻

大和軍より。よそにし此とのくゝみ。辻堂ありし。

はなよりも西のくもはる中院といふて源九郎義経。三とせかくれすみしところ

遂ヒ花ヲ攀テ杪ヲ衲衣香。想ヒ着ス昔時源九郎。藏ス影ヲ白雲ニ中院谷。無ニ逃ルヽ身ヲ地ニ去ル他方ニ。

白雲の中にてこそよしのゝうきまゝすてゝちる家桜かな

みよしのゝ桜の中にて経よむ世

龍返岩ノ櫻

さりくあしの花とちるなこそ

中院谷のほとりなる山伏のくまに横川
の覚範法師佐藤忠信よくまし
討死しと又先はりかつひの跡名出て
入テ峰ニ小角醋ス流芳ヲ櫻蔚影ノ中山伏藏レ龍返シ
岩ノ前ニ思フ覺範ヲ有リ充ノ龍海ノ勿奪ケ剛ニ
さすらひのれきとくくはしけぬし
花のちる跡見よしのやま
見よし野は花より外に宿もなし
山ふかくれさく桜の飛し

花矢樓櫻

源廷尉乃むかしよとし佐(?)義経
乃臣たりし。佐藤忠信ハきさ矢村の
不残今もつたへ花やぐらといふ
して。花のうへ残れりといひやりて

夢見山櫻自傲遊。因花感物思悠々。昔年
忠信似松柏。今日發名華矢樓。

庭さくらんの残ゆきうの花やらう
そのうへさいかいのらせ

あれさら春はまつ花やくら
いかよりもやくらか桜の花

鹿尾坂櫻

花尾くつ。となる坂は。鹿の尾とい。
比ねよりわく花はこ。くこさやまと
こはいひく。さひとやる

逐鹿獵師不見山。駈櫻遊客弗観鹿。宜哉
親ニ出親言。麻尾坂花難放目。
せつもさめよ花よ見よし比花の雲

いつしかなのかくれ家にして
ほのくらくてゆふの小簾越をうかゞふ
見えけりはちるれしみよしのゝ山

世尊寺櫻

鹿尾坂の上に鷲尾山世尊寺とて伽
藍なり。回禄のはつかにのこれる堂はなきを
しらせで濫觴はむかし、欽明天皇十
四年五月朔日。和泉国茅渟（ちぬ）の海中より。
のりのひゞきいとひかりていつらはちりけりや

夢見草 三　十

くるしびかなりしくてありしてやくてくし日の
なほおぼしきはからし奏し奉る
これて天皇あやしくおぼしめして溝(その)
邊(へ)の直(あたひ)に勅して見せしめ給ふに直
海に入てみれはまことに樟木のうかひて照り
かゝやくことなゝりけれはとてことく奏す
しかは百済より来朝の木工に命して
仏像をつくらしめ給ふ今吉野寺にて光
はなちたまふ樟木の像是なりとそ。日

本紀。釈尊於して文よ。よろ世尊といふ。釈迦
如来のことなり。我朝仏像のはじめなれ
ましし。最初仏とこそいふ。又光をとなる所也
衣よ。放光仏ともいふ。いてきのや。伽らは。迦葉
阿難乃尊像のゆえしきこくて。なみさせ給ひ絶
うとひて。忍ぶるやうなり

和泉海上ニ放ツ光明ヲ。彫刻シ木章ヲ献ス帝京ニ今在リ
鷲峰花麓ノ下。世尊寺ノ裡對ス山櫻ニ。
我ならぬよそしかくいはれどもの仏本のまさ

波こそとぬひり見よしの山
鷲の山きよき法しれ嶺さとて
ひら咲さそてことよしの花

鷲尾山櫻

鷲尾山は天竺霊鷲山を移して鷲尾
とぞ名付給ふとかや又吉野は天竺仏生
国の辰巳の方なる飛来りて此山となる
云よし古き文にあり又桜の花を殊に
の学はのりこゝろし鷲尾といふ山の縁としてさき

と信実のよめるよし。夫木集にと有り。杭州城の西のくに。浙西臨安府に武林山と云有り。許由と云賢人のかくれ居もしけり。霊隠山ともいふ。西域異僧恵理法師とて霊隠山を開きていはく。是我国の霊鷲山の小嶺なり。いつの時か。飛きたりて。爰よりきたるやと宣へと。人いまた是を信せさりしを。さらに霊理つねにいふ。この山に白猿あり。是我よひてあしとまへしくだきアしよりく。
猿ばよひしよぶ猿き猿。是ゟ谷よ出つ。
是ゟよりて。此の山ば飛来峯といひ。
又小栗峯ともいふ。峯下よ呼猿洞あり。
洞中よ道ありて。天竺ゟ通ぜしきの所
なり。又ハ天竺山ともいふとや。是よりく。
是ば昆沙門天。我朝の鷲尾山を飛来峯
といひけへし。後京極摂政良経の鷲代
山どのりの庭よぶる飛ばよしつく峯よの。

たゝしよ花を見ると詠しけらしさくらの
山のしなり
靈鷲大ニ鳴テ名ク翼張ル山形如ク活ケ似タリ翺翔飛来
峯下白猿叫フ哉容カ看テ花ヲ也タ斷腸
飛こえゆる鷲はいつくへとみよしのやま
いく春花を見よしの寺
鷲の山にて飛くる鳥なとしき
まくまし花の花よみせ也

鷲尾鐘櫻

世尊寺乃滝ハ、鷲尾山よりおちて、をちこちん
ともさん、滝なかれし、又松あり。
年号ハ、保延元年十二月三日、平朝臣在盛
とある寺に、浜野貞主、山寺乃滝を題
して、一適聞来枕夜滝と、いひしを、拾ひ
せられ見、後乃世嘯なしとて、此山を
まて作し、給より採よりて、入桐乃滝と
詠し、飛鳥井雅章、此たくれて、世上へ故
ねも、入あひのかねのこゑ寂花乃先まで

まことにおもしろや春の月と花に
はなはし入れのかねらもこれと世の
葉かしの縁より拈華は昔や今よりして
面目分明。鷲尾山。拈花曲折落禅関魁鐘
聲裏白櫻笑。直下點頭獨破顔。
はくくの鷲のちはの花なりてし
こゝろひしのりよ入あひの鐘
いはのよまもくれなゐにちさ皆ぬ
うはのミゝ宮は花の夕べ

人丸塚櫻

鷲尾山の中に。人丸塚あり。桜本人丸。
不見玉もそ。多留りしけり。寫本集に
又其中。清輔長明なとハ。大和なり。人丸
塚あるよし記せるなり。添上郡と。葛下
郡とに。各人丸塚。柿本寺といふあり。
是に人丸の。別業此地に。塚他なる
へしと。いふ人もあり。さあらんかし。
桐外篠舎よりも。人丸塚あまたと。是ハ別

人なりしをば徹書記物語に二月十
八日をば人丸の忌日とてむかしは和哥
所にて毎月十八日に歌の会行ひ
しとかりとある文には文武天皇。
大寶二年より多は行はれてより
姓ハ初テ柿ノ本ニ号ス人丸ト。神ハ祭テ櫻間ニ基キツ冢壇ヲ舊跡ニ
猶存ス添葛ノ郡。花開ク吉野ノ白雲ノ巒。
花さかりやまはくく見よしの
さくらにほふ人丸の塚

ひと丸乃花の縁し家よ見てしの
よし野の花は雲よりく哉

子守社櫻

鷲尾より二町斗行て子守明神乃
社あり。一宮記に勝手子守社は大宝三年。
伝吉同神也。神名帳には吉野水分社
とあり。又澄月歌枕には子守神と。
まもりの文字にのられと。ひと本神乃は
名なりとぞ。衣笠内大臣いはく事てらんひ

しミことりのいはく。詠もまと。經家い
ころしひよ。今になるし。ミことりにと流
なり。飛鳥井雅章の卿よりの。山
峨にしあよ。なんさらくぶまり代ゟ
の。花をことなるゝ。と此法の。おもして。
詠歌を見え

守リ子ヲ護ツテ狐ヲ神處ニ溪。因縁若有ラハ此ノ山陰ニ。隱カキ籠コモツテ
茅舎ニ樂ミテ花月ヲ。能ク觀テ芳櫻ヲ為ス詠吟ヲ。
言ともをミよしとてやことりの

桜もよしの花乃都しく
之よしのしは山々峯よりきこえり
桜をはしをも見よしの花

高算堂櫻

子寺のまへよりぞてそれは城橋あり。
太のさとよりる算上人の住影堂あり
此上人は白河院の御悩乃時かけ加持し
給よりこちらずして世にしは桜
くの加持にあひぞ世にいふ命と

むかしより此上人。花供懺法とて
ことはしめ給ひしより今の世にいたるまで。
ゑみしさて。毎年二月朔日より。結せり。
かならず聴衆経り。法花懺法などをつとむ
天下安全のためとや

二月花供懺法行。古今依範祝長生。加持
転天真高算。峰頂影堂籠白櫻。

春毎にそへてさく花のひと日にさそはれ
花の法に結縁法花見よしの山

ひとゝせし花の衣をぬきかへて
さくらそめなるのりの袖かな

牛頭天王ノ櫻

言義と人の。祇園精舎をまもりて天
竺にて牛頭天王のやしろあり。素戔
嗚尊の。童子にて時の名は。牛頭天
王といふとなん。又武答天神ともいひ。みへ
進雄尊とも申しとぞ

武答嫁ス妃ニ南海ノ龍。牛頭垂ルル跡ヲ北天宮ニ穢

羞スヽム飯ヲ是レ黄粱。今祭ル櫻ノ間ニ耳我ノ峯。
よしのへミゆき乃とき此國
のおとこさえをはやしまして
わらハ海乃姫よりもくつおさの
ねもやさしきよしの花

高城ノ山ノ櫻

牛頭天皇乃たゝせ給ふ城山とて名所
なり。緑の通觀の。ミよしのくぢらさ此山
ハたてる雲ハ。ゆくてうりて。よるひまて入る。

とよめるは。万葉集に入りし。家隆にてなし。
吉のみ哥。雲や桁よ。桜木の花さくき
乃。尺よしの山と。いへども。天の原。
まとさ紀乃。山さくらと。詠せられしハ。
紀家にて也。後九條殿ハ。夕にく日。さしや
每とさ乃。山さくらと。詠ちも。経家ハ
尺よしの。ごろもさ代山の。花さらと。にく
移る空ハ。尺よしの。ごろも織の。桜咲より。
とくちそにくまて。なり。此外古詠也。

きへられとこされぬ。又大塔宮此山に
かまへ城郭をかまへて籠らせ給ひけり。
俗に城山といふとや。杉しきし。入あひの
鐘の音をききくらしも。かの詩中
着眼白雲隣鬱葱。鐘聲漏鶴到龍窓。揚名
四海高城嶺。無厭再来大塔宮。
花の名を今ひとしほ夕ばへ白
はまさることされ峯のし雲
山の名をあらきの葉にもて雲の

夢見草三　十九

匂ふも花のさかりなりける
一 かねの音もうへの山の花は雲に
こもりく紗なをくみまれ夕かせ

躑躅岡櫻

宮城山のうちに。躑躅岡とてあり。
飛鳥井大納言雅章の。折はゆへて。
野の花を。紅の。はしろれ。なよら
まで。と詠まれてを。ことゝむひ。をは
しの。はしめなは。珊瑚とゆくひとく。

桜のさかりなる頃は宮より仰ごとさせ給ひ
もりあきもてぬひ物などしてくる也

閑卓鳥藤硯四方白紅如繡映曛光櫻攀
雪玉高城嶺花裏珊瑚瓔珞岡。

よしのの月も夕くれなれいと深し
をとへのさくらなりし花よ
ちくとさくさくや深しつ宮さくら
なりし夕日をまもの夕くれ

遅谷櫻

夢見草三

サ

高城の峯より見わたせば遥の谷を
桜の花ハ埋まて古京いひくし
花高井雅章乃歌ハ以よりみえをいころの
乃谷代々を花よとちらさなむよしの山を
よみ給をとは哀にて佐藤忠信
義経よかはりて共に腹切し石碑にて

高城峯頂白雲浮
遥谷櫻埋窈窕幽　忠信
代君佯切腹
至今傳号六十州

へかきアとなくちる代に谷乃底にしを

見しゝは花乃雲かゝりしく
あまき山ゝねのあれ乃よ見ねばをし
花ぞちるらん峯乃しら雲

岩藏櫻

遥なる昔より。岩藏とて。拾芥抄に。石
藏ハ王城乃四方よりあまたありといへり。是
た。吉野ハ。四郊をまた。此山にありと見え
たり。万葉に。岩藏乃。小野の秋津に立
わたる。雲にしもあれや。時をしまたん。

夢見草 三

廿一

と云哥ハ。かの集に見えけると。雅成ハ。
忘れての小野に立出てなかむれは。秋は
のくハ。花もくれなり。と詠せしと。又後
九條りハ。内なして。兼ハなかむる忠範の。
小の秋津し。月を見て。夜をなかむる
民部卿為藤ハ。範兼。これを見ず。又
くゝの。その秋はよ。人まれにして。後
なりぶれての哥を見るよ。秋津の小野ハ。
よしの名ありても。吉野の忠範よりも

夢見草 三　　廿二

あはせて山城乃よし野よりおこりけるとし。ゆゑしハいはくら乃名ともいふ山城乃よし野の都よ入りましハいふなるや。又或人ハ大和乃よし野地の名よよそへし宮をハ今よの名をもて家よのとハまりける古詠どもとめえまでかましをおもひ出て見し古詠とも大よありてなかりけるとし

京城四境有リ岩藏一吉野ニ存スル名ヲ是レ故郷ヲ思ヒ出ス

古歌ヲ新舊ノ躰ヲ櫻花芬馥ナル引ク文章ヲ

く花うとらきてちれといふとしや
とのゝ秋津の花にし雲
ことさら花咲らし絶さ花の雲哉
吹や秋津の小野の山かせ

大杉殿櫻

牛頭天王より西のかたより大杉殿と云
不深里人のいふく魔不なりと云
夕くれなきて風ゆきて緑樹比るよ。

咲る桜も咲ミこうされて花乃乱の雪
了乙ゆ

大杉殿裏入魔羣緑蔚晩風狂白雲含笑
櫻花迷武客鞠多瓔珞發猶薫

夕ゟせり指さゝて見るの
花ハ桜との花比え云
枝乃月残家代河しゝまさせて
云て見る乃花の白雲

櫻谷ノ櫻

大秡寺乃下坂。桜谷とて名もやさし
く。春山乃景色。見えわたりてきよ。東
乃山は曙より月乃さし出て花は光も。
今ひとしほ。ことにかをりて見ゆ

凹凸齊平ニ繚(コナカキス)玉塵ヲ匝テ風花上ニ送リ香ヲ新ナリ十分
春色満ツ櫻谷ニ添ヘ得タリ山端月一輪。

春乃色を深みやいはほとよしの
花ともしらくもいさ谷乃外
見よしのゝ桜乃盛花乃ありけり

月の光のさやかなる比ほひ
くれはとて。山ふ人の家に立よりて。
ひと夜のやとりをもとむるにあるし
ゆるしけれは。とてかれと夜もすからとゝめられ。
月とともにおきゐて。ひるのおもかけわすれかたき桜
花あり。夜もふけ行く桜の木のもとにたちよる
月を見て

借宿山家芳野岑。夜闌観月坐櫻陰。若逢花杪横斜曙。一刻香光直萬金。

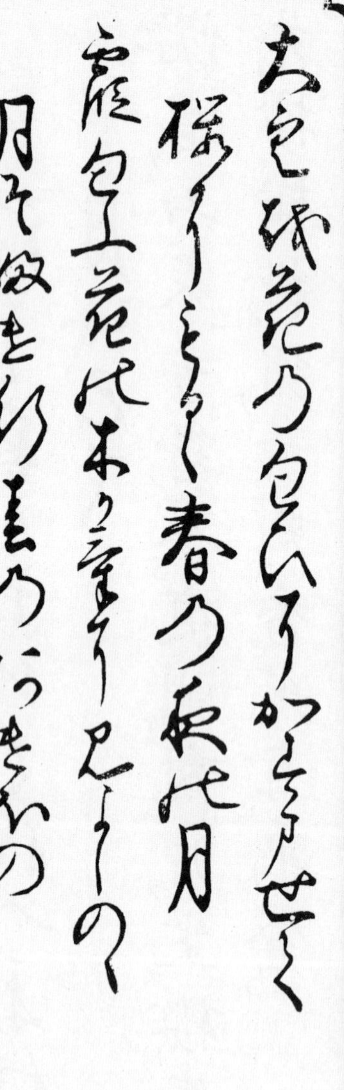

吉野夢見草三絶

吉野夢見草　四

吉野夢見草 四

ゆよ侘ぬるハ、さこそみね頼代、山ざと
女もし、あるつきの種ハ、しらぬさと
て、なさ日数をもなはなれて、いさよ日
ふれハ、拙しさなとり花の月の侘て
をなしのとよく、花代色ひのかそれ
まなそ、梅がね桜の名と、春宵一
刻價千金といふも、ひしおもひ、わさくらる
まくや

夢見草四 一

殘月暗香奈爾何鐘聲催日引吟哦好斯
時節價無極當世觀花知幾多

しらとゐて朔日いさよふあるさきの
かほのこゝろは花のしきひを
しらまさるかるのこゝろは那のには
花りなほそゆる人の那

金精明神櫻

はとみて金精大明神よぬさんめて戸
つる社は金山彦命としるべし又は蔵王

権現は。一体なるをもつて。作まとん。代料
よ乃山の金銀。まとりゆるし。字沿拾
まで以文銭。にちなりむかしまとの。
七条よりくちはなり。ゐさ事海して。
多くの人も銭。なりて見てん。金代やうして。
まちり。いとしさしくて。彼は法くとも数よ
この人まとくまちる程り。七八あ牧よ
をなつるる。替乃此。換非遠使なる人。東
大寺の仏法くんとて。れはくりたく銭。

もとひらるわりでなるとのなとらよりてがの
ろくぬのひならぬへあんとてひがしが
ぬもた。細字まで。金嶽くと。あくし
ありのきはけきやうたてまつり。いかなることよりおこる
とて。帝よ奏しけれバ。はくちぬめ
してせんこうして。ゆせ給へんあるく
あとふ。まん日よ十月たのまわりて地祀
むかしくハ。金峯山よそ。経給ひけると
あり。又聖武天皇乃。御ことのりよよりて。

夢見草 四

三

良弁僧正此山の金銭をえんとて祈り
せ給ひしに元亨釈書に文よみ
えたり。おほされたるを経に門。
護金不許釋迦氏。返薄猶需彌勒時。無有
神存僧愛未及教假我櫻數枝。
ことわりしてかえしかの山さくら
人のちからをくらへにかへらん

蹴拔塔櫻

金桂たはれよせて皆杉の木のほ。

ましける。踰抜堂なりし此塔は。
むかし嵯峨天皇の御時にして造営ま
しかるや文治の比。源義経公人
とありて。此塔より近こ三里をしれとは
よもし誘來をして。や物見をさして詣川
ありのまゝことなんぞもしも。物を
乃塔といふとかや

築基立塔弘仁帝。返躑轉身源九郎。此處
杉多櫻樹少。登高送目為眺望。

とよ為乃けぬあし当もしたは花をは
世はしらし波乃こと兄くさうる

安禅寺櫻

けぬ迄七塔あるとこし中ゆ春は。飯高山。
安禅寺。寶塔院といふ。まへに。右堂の
奥院なりとぞ。大のことよ。多寶塔と。
本堂乃本尊は。長一丈乃蔵王権現也。
まへにち。役行者。楠木をもて。一刀
三礼して。作り給ひし。像なりといふ。

又後紹巴の。自作乃寿像。たり乃ことよ
安置せり。紹巴乃母の像有り。松く乃
くろり。西方正面にて堂にあり。まことのこ
なる山林。青根峯といふあり
小角開基。嘗聞蔵王如活立。花薫青根
峯下安禅寺。風払四山飛白雲。
よしとや乃さくらに指ぬきて
青根ありく家起乃しら雲
みぬくらにのし婦さくら松ぬより

これのみならず根やうの家

岩清水の櫻

安禅寺より山よりくだりて岩代の家居は
ここにはいづれは岩代家のかたく
くとも今もなをのこりて人ゆる法師の住
める時はしもくだる人はまれなるとかやと代
人のもとしきなをもいやも作りて法師
の家をかたり詠せさして今くくとなりけり
岩の代家清水くだりもとをしたき住

居の跡といひ侍るよし。おほくとぞ。りや
みくじ。今を何し。残るところ。山の井の
水。とよこなかうし。名不見よし西までし
哥は。河内安縣郡。山井里より西まで
とさ。よこなかと。今より桂花寺より。いひ侍る
え侍る

因花尋蹤想圓位待来観知足意従古
細流滴々滴至今不渇苔清水。

かくくとかれ給て給残とよしの

花乃雲の玉寄しこん挑と
惹ゆへ入りる見らしの苔清水
とく彼何家正りゑミく哉

西行菴櫻

苔清水乃ほとり。西行法師此。庵の
跡あり。其此庵よ。西行法師の木像を
たてまつる。撰集抄に見えたるに。長承乃
末乃年。出家乃後。爰に住て。年ゝ
ところ。順礼し。ほとり経ゝて不残見尽

しくれはえて。吉田山よりひかりて。ミせ
と返り行ぬ。山のもさめ。花代ゑ。本の
もく。茶の声ハりゆるし。鉢まてかりひ昔り
しすりハ。花めさるとく。かなし。涼く行りき。
茶碗のんまてハ。こちてきさ。涼山代おし
と。花代もちこえりよくり。候ハ宮に咲ころ。
行き成ぞてノうよ行り。上下れお。安禅寳
塔のれもさめ。人なりしんもり。ひんもとけとく。
行りく し。さもしや山不ハ。人をと波えて。覚て

夢見草四

七

侍りしすくよ。二とせ斗過て侍りしに。ある
とし乃三月(やよひ)の比。庵乃まへよ。山桜花さき
みくもて。ちよわりしほくが。ちるを見て。
侍るに侍りかし。八十(いそぢ)よはけるなる僧也。なよ侍
なかれ家なるがかく乃あるとこそ来斗侍く
なりなるが。此花をもてまよとさてこちや
まえて。居まり。あしひさん乃地や道な
すゝ思ふ侍る孫と。世乃中をさきよ今
門(かど)了して。まとて。袖とひるくなるさ斗し

（草書体による手書き本文。判読困難）

念仏して

信心

仏性

この信心

山さくら。さのミや花乃。ちらよくらさん。と
こそ見て侍るに。ちらむこゝろゆかしさよ。
さへ入りハ。れたる色さまさりと。思ひて。さらぬ
日ハ。花見のまんぢ。ひ入乃。さ宿まもかそて。
なかなか侍らん。とて人侍りしハ。げに人ハ。やよ
世ぞすよおもひて。我をば山乃おくよ。世継
のこりも侍るをば此かり。わりて。もとゝを見給
へつとも立ハ。いさあひなまて。見よ夜の
見まれと。桜乃田人本。是まれ家ちくろし

松乃葉ちらして。しぐれさへ。そんみだ。て
悔て。ござる帳乃外は。霧りちらし物も
待もそ。人待となりかく。なりゐたまふ世る。
居おんと。見て。いと淀やかしく。つ
あはれさ住家よ侍。まで色何としてか。
なせ乃やまふたる人まし。何様侍り
うゐ。二世不可知乃観とこそ。思ひて侍を
とぞ。思えまほしく。さらやまの。
あれしさとこそ。なりへ侍りつるよ。かく呂道心

老までは。いはしろになることもとなく〳〵

物かなしくは。此まゝにてやみなん。住いとは。うきことて人

見侍りまでも。とうするを見ては。かの人老

の跡も。ゆかしくて。尋ねしもとなる

見えず。又長秋詠藻と云文に。文治の

年。西行法師。河内国ひろかはと云所

まで。尋行ことありきと。きこえて。いとゞ

侍りしならば。かき見まほしく侍れば。

らしてなど。きゝしよりして。年紀して

乃は。京よのかへもてく。やせて程よ。二月
十八日よきん。くも侍なる。彼二人もの乃
そしよ。桜乃哥ねらくよしなる中よ。願
くは。花乃下にて春死なん。そのきさらき乃。
もち月の比とつかくよまれし哉。おもしく
兄行ひしことりはおよ二月十六日。臨死
日。とそ色葉と哥なるくし名よ。もとつくく
花てさは家なむ。祝ひ並し花死とと
まて縁りるなるくちも乃つらへも。あらんは

夢見草 四

十

うへと俊成卿の。よまれしうたなりけり出
まきし。されと今は。人方もせの。いさかありや。
又家隆の流。飛鳥井大納言雅章卿
あと張り何稼て哥よみし。其ことのきかよ。
西行桜は。此法師花山より。是を世此あたり。
住居せし所也と。さるをし。花ちる除
ましことの上も。此所見しへ。花ちり
なりて。ねりゐたる。遊びよ。此所へ入て出ると。
いひしことの葉。ときしわりゐ出て。

五百年前卜草庵。纖歌諱日等瞿曇。櫻花
影裡倚巖屋。恰似高峯朽死龕。
世を捨てしや五百とせの花むしろ
花りよりもて散りゆくらん
唇ハきゝことハみしよと行きさて
いろ乃子花のちりとまらん

青根峯櫻

青根峯ハ。安禅寺乃うへなり。枝なき冬
桜まくなかし。よしの山の花ハ。風乃吹をとらて。雲のごとく。雪のごとく。みえてさかりの。
ひもゆるごとくかれし。花とはよみて
屋むかしやまとしゝ。風情いえんなり。
万葉集よ。よしの。春後撰代よ事
はし後撰ゝてらん。まてぬきかりよ花
よき春なり多く。昔は後撰もちゝ。みえ花後
ひとえにて。よろ家寿。千載集よ。より代川。
水きいたし。色ねさ花し。後。春根よこそ。
花のかて彼。しまるは。顕昭法師の集。

夢見草 四　十一

風雅集に。吾此門いてせ乃波よよ多
箱や。吾根の峯よ。こゝ西南を。雲と詠
せしは従三位耕政卿なり。又木集乃花
まつといへく原湘めんとうのく吾根の
峯の茫花也。湘なとよるは後徒寄
なり。此実は湘みく茫もりみえも茫けれ。
吾根のこね乃峯花ひくこえて詠せり。
今又おもひ出て

四嶺花飛不等閑。青根峯頂雪斑々。天風

吹キ落ス蒼蒼ノ上。恰モ似タリ山ノ端ニ羣ガル白鷗ニ。
志賀のあれみるゝ春風の花むしろ
作していそぎこえしのとる
吉根山ころのみつさをを伝せて
若花むし法ゐくおいなし
あとまくかのこ雨さしよこよしの
春深よのころ花のしゆき

青折カ萬櫻

安禅寺にて。ゆきとて。ま折たるなり。

此所より道二筋あり。右ハ山上へのぼる
道也。是ハ四月朔日より九月九日まで。
往来して。余乃時ハ雪深けれバ。ゆきゝ
を。ゆるさずとかや。中にも六月一日より七
日まてハ。諸人まうづる事多し。是より
山まで道乃程人里ありとかや。大寂さ。
桜も四月さかりとぞ。左ハ西川乃滝へ
行道なり。山上ハ時雪深くてゆく
はよわきをいへて。ゆるさるまよる

結レ州(ヒシ)折レ枝(リスヲ)青折(カ)嵩。入レ峰(ル)ニ小角始(テ)成レ通(ス)ヲ可レ期(ス)ニ
時節(リヲ)大峯路。花好(ハシ)蜻蛉(カケロウ)小野(ノ)中。

まむちよ枝おりの道をさなゑて
まれその年経し小節の花さん
あを深ろ花まおりの名業のあとくも雲に
とやりの花あくあしらぬ

蜻蛉小野櫻

まおりさ業あと。一里たりゆきた。蜻
蛉小地あり。此地むしよて久咲えたり。

夢見草四　十三

蜻蛉とよむなり又蜻蜓ともかく也
虫なり。さなきたちといふむし也。おきつゆともかな
ゐなかとも。くちともよむ。三月なる。はかなし
むしなり。ことはにも。鶺鴒にくさとも。ゆふ
はやき鳥ともよむ。庭鳥ともよそにし。蜻
蛉小虫なり。出るあひさ。山けれてく字を
さかり道をきちて。はなれあふさ
まの宿よりく。ふるき庭乃くらへも。
あまたしてとはさひゆく程よ。やさしく

かゝる深山の小野より出きたる清き津川なと
いつ代のことは蜻螟の瀧なり
人影倒懸山路斜巌嵁攀蔦入煙霞櫻香
馝馞蜻蛉野谷口噴雲天一涯
しら雲よりぞ深山の小のへさくら浪の峯
さく花の色にほひしのこそすゝまるゝ
みゆき日ころ宋ならひをのもとなる乃雲
からにほひし浪む春の色の形
さきちるを世にのこるを深山の小野の花

雨りあしよくみて日のてり

蜻蛉ガ瀧櫻

蜻蛉の瀧俗にハ清明の瀧とよぶ
古詠よしのゝ瀧とよめるハ此瀧也と
なりとぞ又せいめい乃瀧とも云ふ
虹乃瀧ともあき津瀧とも云也
一万葉集ニ瀧乃上の三舟山より秋津
へにきなきわたるハたれよぶこどりよ
よめるハ此乃ことゝ也秋津乃小野なら

かもてなるへし

浮雲瀧上御船峯穿石千尋懸玉龍浪和

飛鱗花沫涌蜻蜓瀑下仰扶節

志ら雲よりなかるゝ瀧乃志ら糸乃

岩にせかれて見ぬ花のあとなく

春の世の花乃波こそ見ゆやらん

このとこり落る秋津への瀧

見よしの花乃ちきせ波のまてり

さくらとりく瀧水し糸

秋津小野

秋津小野ハ文字ハ蜻蛉小野と書べし万葉假名にて秋津とも飽津とも書り日本紀にハ文に秋津の小野ハ雄畧天皇四年より行幸あり給ひて川上の小野にて獦人にかゝしめ給ひてつからを射給ひなんと待給ふに虻とびきたりて天皇の臂をくらひしつるにたちまちに蜻蛉とびきたりて虻を

くひて飛さりき天皇いとゝ感させ給
ひまして群臣に勅して蜻蛉とな
名つけさせ給ひしとそよりて
あきつ人なし天皇はくらをさひかなさせ
給ひしより宮の地を蜻蛉とそ名付給
なれは又此所には古歌とも万葉
集に芳野宮に行幸の時柿本朝臣
人丸の長歌には心を吉野の国の花
散ふ秋津の野辺に宮柱ふとしきませは

もゝしきの大宮人ハ舟なめて朝川わたり
舩きほひ夕川わたる此川乃たゆること
なく此山乃いやたかゝらし珠水乃激瀧の
京古ハ見れとあかぬかもと又金村朝臣乃
三よしの秋津乃宮ハ神からかたふとからむ
国柄か見かほしからむと読み又同
朝臣の三よしの秋津の川乃万代ニ
たゆることなくまたかへりみむと又夫木集よ
為家ハ三よしの秋津乃宮代絶ハく

世さまさてゝ休さしみ侍んとよめり家もて
ともいへるくらそさし
暴虎憑河不足論
作羅熊卜莫民怨蜻蛉
蠶納豈奇遇討路追櫻過荒村
あさし世を休津の小せりのまとさて
ことさらにあはれ見えしの花
世中をへあさ津のをうかみと
はくさらしてとまりやす

瀧御門櫻

渕乃名ハ門又ハ藍水の渕乃ミなもとゝもいふ
秋津乃小野のしらよわしたるなとし
万葉集よりいひし乃渕代ミなとよりも
詠へしこのことを名付て雲のさとも云しと
今人等乃詠せる也又同人乃詠み一首
ていふなりけらし東乃渕のミなと入
そこねともいつも哥詠見ゆるよミ渕よら東
名もし秋津乃ミなよりみなかゝへし藍水の
渕なとハ人丸乃詠よくしれるゆゑ寛峯

夢見草 四

李ハ月瀬の風をしるく玉水乃流津
乃ほとり秋のなくさ詠せしも見朝を
今ハしや氷をとざす玉水乃流にまたハ
春やなきなんとよそり梅ハあらくり物
より蔵家玉水の流乃夏衣よ春雨を読と
詠せり古詠ともよりておもほえ給
て吟詠よ

玉水流芳瀧御門。草生路古憶先君。期秋
雁去秋津野。飛李不言櫻自芬

十八

花はちりひしの瀧のこゝろ
さくらあさ津のをはらさ波く
ひとしのさはミとしの探戸蛇
ころや春日のさとの名かな
花よとく霞をふくむ玉水の
瀧のこゑもの春の夕くれ

西河瀧櫻

西河の瀧は又大瀧ともいふ又西河ともいふ
瀧と比る号瀧津河内といふとも萬

葉集に大滝ゆきて見れはといひて
ゆて滝河流とよめるもやさしくよめり又
人丸朝臣のよし此川滝は河内なる歟
とある知まてのわすらさるとひみし山
川よりおちくたる谷なり滝津河内と
よみ出るをも夫木集にはみえよし宮此滝
津河内の春の世に林代ともさ々歌もそゝ
なき家しく中納言のよめり従ア成哉へ
よしのの川絶りも水やまさるらんちるとて

蔵人ふ藤乃ある系と係し従三位行
家は吉野川藤乃三ゐ家山桜岩にて
波乃花とちるらししよりて源義時に
春は花咲ちる花乃中に花あつの藤
も波や作らんと係せり又源九郎義経
吉野山より西河へ流しささ花乃あり
しそりえさせる家太刀今よも是は二尺
六寸ま江出れの作とや持ともりて家
など太刀御と以てきん義経門色の作

とさんのうちにてむかしの岸にたゝずみ
りのあはれさよ涙は袖ぬらしけるよ
鐘ゝなるといふとかや
波揺キ石動ク大瀧ノ邊リ。多ハ媚フ瀑津河内ノ淵。昔日ミ
義経攀ヒ竹ヲ處。只今危花漂フ水ノ西川
三よしの日もくれや西川の大瀧の
流れもむせ色ふ花よくれ行
よしの川さゝ波よく夜ふけ滝津瀬の
ひとよやすらひよし花のきを淡

夢見草四　廿

よしの川淵は河内の花の盛ち
わき瀬あたりの波のよく

國栖ノ里ノ櫻

大淵よりも國栖へ一里となりぬれはなと
て行山深き所にもなき人をとゝめかよ
しても山の中のよそ目もいと哀に見ゆ
ひさしき庭りやとも求めく一夜は
あかしたり跡をも知れぬ枝に花咲して
よしの河はやしたりの花は山路にゆく

しゆんをやましてはやされたいはゞ
ほとにそ其の人の花紅葉にて國栖
翁のむかし物かたりいさゝて日本
紀をもて文に國栖奏のことを家あらは
古の巽山にくつてまつの川に代業
はしく岩撫つゝして道をせんくはし
ありけれたまさりましてくまして色好ま
ませ待ち應神天皇十九年十月一日
吉野の宮に行幸ありけるよい國栖人

時(とき)は奉るを是より後はますくてさて出
をのゝ栗菌(くりたけ)なといふ年魚(あゆ)のたくひを
奉る又天武天皇大佳まで長(とこし)へにて
よしのゝおくの宮居の中よりあかとらく
させ給ひしより国栖の翁栗の御料(ごれう)
くりひとつよる魚とそへて奉りしに
供(く)御(ご)のおりからはいまならはし此所に代よ
出させ給ひて魚つきくりなんどに役し
て水中よりとらされたる供御のすゝきさん

よしのの奥やまふかくして眺めあかれは
ちかうしてくずといふ也是は国栖のことをくずといふ
名や是の時天皇のみやこは宮に朕帝位は
のかれた翁と供御と献れさせと嫁
しけきもちかきとまんをましもとせつく元日
の節供ありては国栖翁まいりて栗代の料
てうこくの奥に奉る笛しるし国栖と
かきまなまえ声まてはこくへとやさを笛
と吹て参る也此公翁まいりて又うたを

婚るとくや現存六帖よハとはつりや右

野乃玉梅のあしとにほへとつるたの

太し先よとまり飛鳥井雅章乃所

のことも常よ玉梅といふハ大内乃気局

あり笛役吹く人乃出ふむしくハ象り

めることはわりい出てちらちらと嫁く

嫁くる人玉梅乃笛よりの花ハ今にふり

なつこと詠せりとととわりい出く

山家木訥抱仁恭奉上天皇國栖供遼闕

牧笛思古曲堪憐花下労樵農

ちりうとぬくいは花こ乃山栖の笛

花ありいまさよ春の山かせ

樫尾里櫻

國栖乃ほとりなる川へ出る道の右

にあり櫻尾乃里あり又ハ櫻生とも書

ね是ハ日本紀に應神天皇十九年に

山栖人に酒を奉りてうたふよしか

乃ふよしを傳へくりことなとよろこひ

夢見草四

廿三

れはこそ海よ。こそしもちてども。
ところ／＼ひなとすん地の上にわたし谷
不乃名也今の櫻尾の里なりと云今
酒にかほせもして茶亭地のまへてゆきさ
来の人を待とすんは易尾もてなく道
なくして行かさし

一抹軽烟顕遠村。路長花少冒眠昏。
醸酒樫生里。今日煎茶醒夢魂。

かしはより尾のまさ宇は名海く

ゑらひあまりてゆくもとの作人

夏箕川櫻

櫻尾より二町ちかり過て夏箕川也
万葉集に湯原王のよしのなるなつみ
の川の河淀にかもそなくなる山陰に
してとよめり此哥よりなはかく山陰
とよ詠むる也飛鳥井雅章卿の花
のなかるゝと見て来つゝ人も比あり
ちらし夜と川櫻なるゝ春のやまかせ

夢見草 四

廿四

詠せり又吉野拾遺に洞院の実世公
の御むすめはんなよりてかくさち
いとやさしくれてなれし宰相中将は実務
朝臣せちよくよくひとを聞せられとちる
あまる時給ひしよ春の夜もすから給ひ法
なりへし言間（さくや）の山の桜給ひよそかくみ
世給んとて実世て女房ちら給なすひ
給ひ山路とまとを給ひしよ宰相中
将の給て姫君のものとなく人とはゝきまい

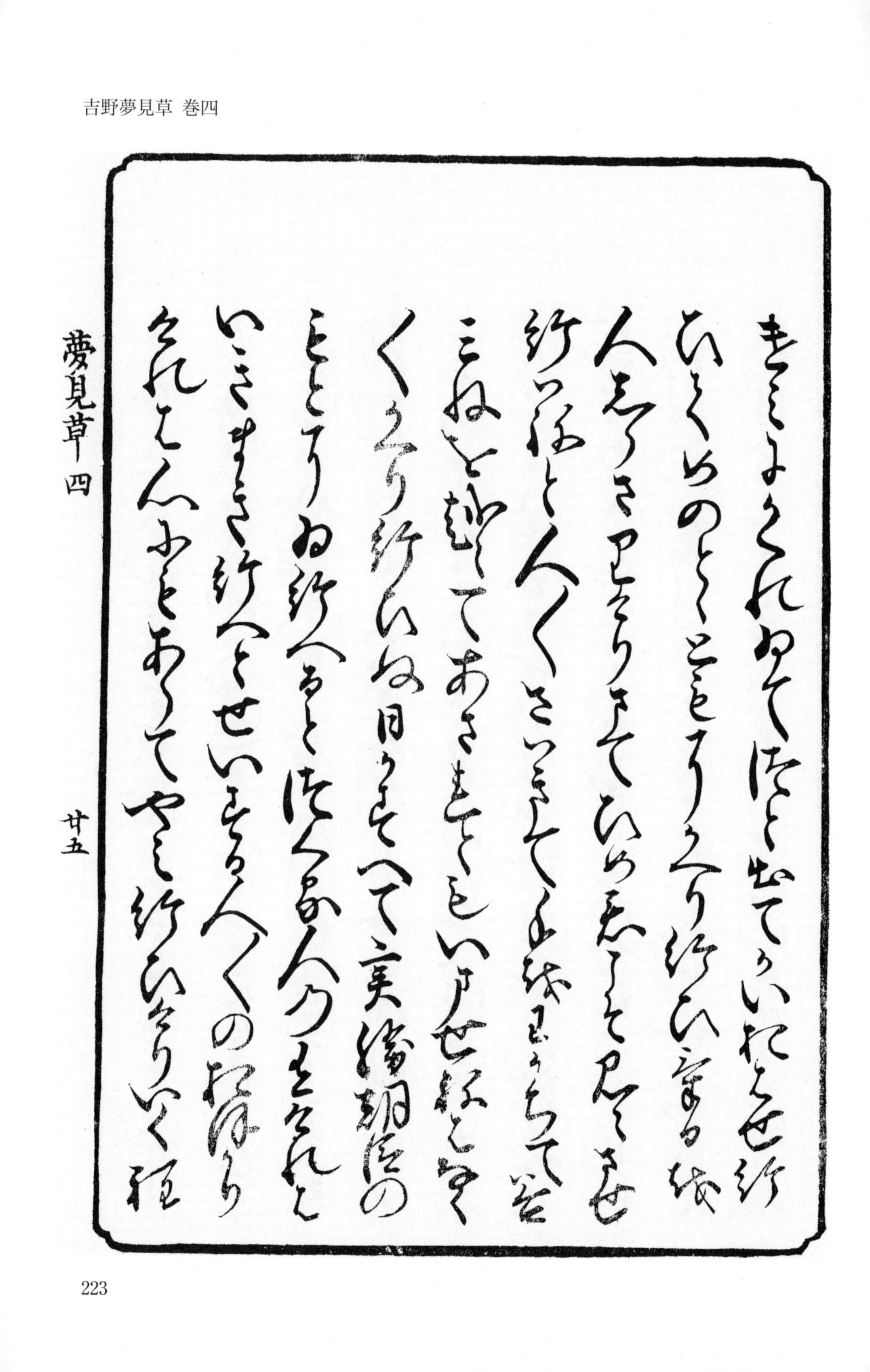

夢見草 四

廿五

をもて将軍義詮公乃ともがら
し給ひて都へ還幸ともに供奉まうして
さるに八幡へ皇居ありけるまでに真
緒胡保を家古本間むかしにむかひに
帰りて人とちとせ給ひて御所に参
られんと立出させ給ふ御社務ひとへ給ひて
何となく人々よろこびあへる處のおとされ
御社の前しさかきさきくれとかさい
打ほほえみとて是の路の露よる河ね

嬉しさ限なくて待よ侍ることにせむと
いひすくさめて心侍しく立出給ひなりく
て与花おもし頭人と雲よ扇して給
まいさ世給ひしうひとすく八幡なくさ
もさせ給ひなるところさらせ給ひしより
こそうちまし路の何とやん人よかりき
てわかしうかり給んしよして今はおう
ほよへくもねほえそねいさらよそらと
うきくくうせ給ひなましし花との給従

さハれハ行かむとてひとを待つてハ居
こともなくてかきたりけるをかきいさして
陸にのりハれりけれハ行てことをまたしらとこさ
見えるひとよりこそ出させ行人見えたれの
程なる見えたれハ立かけて色々のをかしつきさよ
川音のかなてたかうなくとあへるにて知れ見ゆ
川のをとも見えりあとめ立かけさせ行人をも月
さへこと見え山陰のかなる陰よりよそよ見え
行ひて山岸の面よ立くかる影を山陰の

夢見草 四

くさやさちよ悔しいきんなれと代りけり
身後ぞれぬなしとうさ給ひ学給ふて此身と
ぞれ先行ゐなるよ終とれ様ととなる
ものくあまさ給とひて打てともとて
見なるりあへなさ流るち代覚のへ悔
りくと見行へる後と見あ学給りしり
ぞれるよ流つさの如よ世行ゐなれとも流
ゐれの冬ものぞ是世行へるよこまやとくお
とてさ悔くよと見あれらいなれとやり

廿七

くれ竹の世々のふることやはらかに
しひ龍をもて道に移しひて久しき
なりける人ちの世々のよつるまゝよれなる
ねかしけしきも世々てせんてはなる
久えんとあさき世々人とせんすきて
ゆく人ありてゆきせ世々よとそとともゆえて
今もあふよれなりてこもゑするをぬ

波瀾歎玉夏箕川。水淀山陰鵜鴨眠實勝
愛君遺詠處。荒涼咽浪古岡前

くれて行春のみなとやよしの川
山々のさもとむ花のしらなみ
山陰りのこのもかのもと見えけるのく
なつみの川のよどにとゞまれ

夢見草 四

廿八

芳野夢見草四絶

吉野夢見草
五

吉野夢見草五

吉魚張櫻

海なりといふは不乃名にして万葉集に入たる哥に我宿の浅茅色付く吉魚張(ふなはり)乃夜箕(よなみ)の上に時雨降らし又海なりの北本に海りねちて宮乃いちゐるしき桜ん我もとあり同集乃家持乃ふなはり乃夜こえ人乃山路出て西にかたふく月のこる見ゆ

とよみり今を始なくりし吉野川乃
たとえ河流れし野也作品あらし山
ありを流れる道行始りよ代ひとえ
乃名所をも山のはま飛ひ和しき松
あしの春の世ありて花乃始まる雲のや
うに笠ふ始りきて匂ふとも月ぞおれて

探蹊尋櫻問野郎。夏箕上是吉魚張。播名
萬葉百千世。無限落巻満笠香
始なくりの野木の春乃世をくる香乃

よしのゝ小笠の花のしら雲
こゝなる屋しも帳りあまてふなる張の
それの波ともに紫葉衣野色

夏箕上櫻

なつみの人いふなりの花とみなしく
万葉集にいはなるのなつみと流り
まくらひくかこし

春風如皺夏箕上。花浪汪洋洗白氈。服日
暴芳随歩馥。銀沙没跡色猶鮮

夢見草五　二

娘ならのやけとのしへのまよ乃
匂ひふさこそ花なれ波
朝附日さして移ろひのならけれ
ならんとの人の花乃ちる波

浪紫野櫻

なにはの野をはむらさきのことゝいふ萬
葉集に我しよ淺茅多佐く娘な跡乃
浪紫乃野を紅葉ちらしとよめる歌我
入りけり又夫木集よ秋の世りなきさ紫はて

よくハなりひさまさや康乃なく〳〵と衣
笠の大臣乃詠もありし目楽よみなら此笠を
衆乃野の秋をせりしや〳〵狩きて月のさ
やまさしよあなハ定嗣なり俊衍ハあさ海し
やなと衆乃野よろし康乃侍めの歌のとぬ
けし袖のなと詠せり河原の風景をのさと
なき池なとあらし

輭玉散風行踏香。花漚聚處似浮囊。漲流
潰岸浪紫野。壓倒揚州春日長。

春ハ旅人おほくすなはちあたる野
ゑたくするゝ花を待るを
嵯峨なるものなる紫の野に水ありて
岸ありそゐゝ花のゑたるを

司馬野櫻

司馬野ハなにし紫野に続く所不知又
紫野とも申也万葉集に圖栖等もあり
なほしらん司馬の野のあたりくおほきにはちか
はなとよみに名氏の歌までとりさて

のちし先賢の人をおもひやりても
語いかとなるらんと思ふよりたまふ本と云
山々何の由来かし葛を解して花のもと
了体より云ても代々はしめりとてすましよ
万葉集よりて撰ひあなかしたる人に
司る遷の史記よりていまし世の人ときい
るりひとしるとく今ころりしあらせて

樵レ夫唄レフ雪ニ落レ花天。國栖摘レ蕨ヲ何イクバク年ツ。萬葉

馳レス名ヲ司レ馬野。千レ秋依テ史ニ事長ク傳フ

みよし野の道さへ乃野にたえてくれ
ひさしき山乃花の雪ぞ絶
世をすてゝなれきにしへいかなる宋の
かゝる花りのいろ花乃したの宮
世中のありさく宋乃志つしまき
花よりさきめ根よしなる山のれ
くれは花の志めし志て野乃宮はむ
おく嶋の流れ乃花のし宮

宮瀧櫻

夢見草 五

五

和歌ミし文學乃徑三町とゝりはりとの
おもくとみしむし野ふハせかとつよくふし也
ひとし定手法官諸門寺まは安かせ多く御ざ
道中さ海りよ文學は流世をは制ありし後
撰集より乃集ふ文學乃世を名すれはてきミ
えらり和歌ミつ和との都とり來しとくら
ときさけ世代よせ乃とさ落条太大臣兵衛素
性法師御とは佐して歌仙をふし阿水はさの
ころつとえて堂るしくハ讓乃御よろしや

さゝ浪せとよめるは菅原也伏山よ而とよ
人誠ゝやこゝのあきにも泡りまちや
しそらんと詠せるは素性也素性はよし行は
あらく布留代寺よ而りんあるもとを
れむ哥ぺくまさせさせ行るよ°深疑°阿
まてく寺よのとをし誠れまとゆくよ
而まりくのあしらをされて詠して句つ
ま誠なしとなあとまん人夫本集よ裏
の浴山人をくもゆくらるのせよ蔵家志臣

あくや桜なるらんといへは九条なり
水上よ桜ちるらし文殊乃水よこえ
世文字なれはゝ何しは兼昌なり
続拾遺集よ文殊乃さゝ代水よけん
紅えん古さミゆきの路やはなとともいは
光明峯寺も桜殿なり新六帖よ今かたの
彼はうくまて文殊やしれなるのくて
かくもあるといへは行家也飛鳥井雅章
乃なりきを行花のなるゆゑんはなくて春なり

いさゝか林の実淡くよろしけれとあれ
風景ありつゝ也今も黎鶯の来て鳴き
悔くむいひしみをさそふ屏風絵にして
まんなるてゆやかなる絵の綾字
春やしよ見ゆくらさき九本の枝よ紫
みとあき佐家くえて傷くふかくえて
露よりえてゆくより文傷ふとしは紫傷と
いつくや世孫しの語孫なるなとし
さ世とまさ母さして作く人のさ象の

かゝりし淵にといへるハ見るもとお
やしそれとかの岩ほきはを見たる河の
ゆきの白さよかへりまさらんはなを
て奥のやまよりも出岩わきはさんつと
といひしよるあくまりあさいて紅の
やまとの名代みゆる岩屏風岩よりかいはく
宮瀧ノ艶景柴橋ノ上。湧(ホトリ)澤(ウタク)含テ魚ヲ立チ緑巖ニ。里老
飛盤石ヨリ花ノ漂フ處。天公巧ニ削ル屏風嵒
吉野川あしや集にいへるん

さくら花咲くころこの峯
ふかく人はふかくやまの
花のこゆきの跡見し吉野
谷深の鶯の声岩の根を見んとて
はしこよし花の三吉野あと
折みあへて椎柴ちらしもこやまさの
にしそくなる花のゆきぞふく
は花なきなる花とおもしよりなるところ
世をしりそめんねこやきれいち

夢見草 五

八

清河原櫻

清河原ハ京城乃東の堺也とて又
万葉集よそてまよかくと見てしるし
よしのこと紀河内の渋津の波ゝ清
き金村乃大臣也くるしくもくれ行日を
よし乃川清き河原を見まてはゝよ
と詠せられし元仁台後白河法師の草庵
集にも記されてあるなれとよその
清き河原乃ゆかしさの色ともなりけれ此あさ

そよふく石打て此流藻よあつらむ
しきりにきのこころ光をさし波よ向
瑠りましく玉洗ふさるごとく水ふゆる
平生砂は銀砂をまくかのやうにふるまへるく
清き瀬のよりも鴛鴦の浮かひにつがひむつまじで
花のちりかかる春風よりてまるものとなくしかし
波淘ルニ玉石ヲ浄河原。山隠ニ濯テ纓ヲ遠ツ水源ニ。菜葉
ふ流ニ呑浪白シ。銀沙洲上ニ睡ル鴛鴦ニ
春風のうきよ乞もしみしのく

きよ紀河原乃花のさかりと
水のこゝろハよしとあさやかとよの
清き河内乃花にしあれ
己よの清き川原よする波乃
花乃しらさ浪よ寄する響きり

日魁野櫻

日くらし野ハ吉野よりなつ門よ行道也
新勅撰集よ大納言昇乃哥代詞書よ
亭子院吉野に御ゆきしけれに御ゆき

ほとゝにたゝすつて日くらし野をしのふ石を
まことに御らんせられ給ひしかは色なとゝもなひし
あしひきしはし味ましまさしとおほしめして
しら石に爵をよりて延喜乃御代に五位を給ひ
亭子院ハ宇多天皇乃御ことなりせいかあ
世をいとひてくらゐをしてかしらおろさせ給ひ
れ給ひ世をのかれ給ひしよりて年乃号をとりて寛
平法皇と申し法乃名ハ金剛覚と
称し奉るとかや世のことわりよりて己吾

夢見草 五

十

野乃おくまてとはれは入て世を行ひては猶
乃ふくまてとふ許りとてを不代今の
世まてもとこゑのこゝしへとやさしく覚
候る家君乃人と世よことゝもて世を捨
歌君となりゆきしことしいかに今絵書て
しらよ日も山乃深よ入れの跡しら氣
もと名不日く絶し野乃名ともしらさこ
えそくいらをうし 伊養寶日あくにわくよ
くるしはあるさしことなしとわりひて詩乃

しらまちにも一時のあやとなりにけるを
雲椿のねとしさるみ家さまをむもしさら
こひらん山ぬなあらまし
暮風擺紗落花紛。香送鐘聲遠寺聽。日晩
曙中愚寶日。伊養志後有何員
世にもてくとの日くらしかのくへ
花もなりけ入れはの
あきにかなる日くらしのかほかほとし
暮にもらもくうれのる

あさましき世をそむきても世をそむく身
身は月のかげしの月と花とよ
はくさ花をまちえて月のかげ野
まつ山はちるを入あひのかね
いそはた花をまつらくにこそしの
ひとつの心のあはれさをよそ
世のさかりよ花よりも吉野
花もちりおもひよせとりえん
わかれは世のはかなさよりつつ

花見てくらす人をまちくらさ
れ行ずに日くらし野の中に見し花の
姫を尋ねにやどりとりてある人なきにくれ
このたびくもとどのあまり志はらずていと
くらしあつく夜しのたよりやがて月
を桜の梢にのぼるく家の陰子に花
の香花梢りてことさらとりて書名
やしに見る面も月の光に葉ぼろく
陰子のことゝきくに詩哥かきつけたる花よ

色とをくし文字ともなかり
日暮野邉接一宿。吟行記叢晴青紅。桜梢
攫月半庭雪。巻影和光画紙窓
花よ又日々絶し節の草なる
日々ひらけもてゆくなし

龍門郷櫻

日暁野より龍門御へ二一里ばかりとは
花ゆく花を見るもよりひらけより
龍門よりてまりぬけ不ハひとし義渕僧正山

り入て已後より仏塵あり家々沙汰の
え了条の下しく多なよく沙よせてを
ミ渡毛の沙門の沙よりなる渡人家とを
沙門の沙となつき寺院と沙門寺と公
法華まて寺をよこれの事に作れ化法く
ともえんて又沙門御とう子もや今は寺
法さて石と名のとも人のと見させて是れ
くよ人こその塔くべきのしてのそうしう
明暦の比よりよきん乃知らて頂をたとを

て葬くる草原とありぬ退凡下乗の石のそとのはかをそこと定めてり元弘三年とかやりそのはてるとやあん古人の心さし家より出て世をそて草庵をむすひて其の縁結をとてわりひて佗人なとえと新寺法花にとおそいありさしとつみさて此寺は義渕僧正の開基として龍門寺龍蓋寺龍福寺三龍寺の中の随一なりし[illegible]は

元亨釈書にみえて侍るとかゝれとも語
しつみ古今集に伊勢大輔紫門にまう
て紫の上ことにてよみ侍らぬ人みなき
しへを見さ桃坂見に山姫の布はさらん
とよみ後拾遺集に弁乳母の寿比詞
半にやよひの月紫門ちかよ参りて紫の
ことまてかの女の上義忠か桃の花の
侍りける坂いて見るとてい侍るともよみ
桃いくて見よへき桃坂桃の花いく世かへぬ

夢見草五　十四

謌乃ミて多く詠せり同集に中納言
定頼の謌門乃謌枕見てくる人とゝき
れく山乃謌の多ハ水乃まくみて作まり
名をも詠さて千載集に能因法師の謌
門まり海をして仙窟に半たて宗信多
あふれ何よのりてこの人の家尋ぬることを詠よ
人ハ見ぬる名をりとよりり同集に藤
原清輔乃同し謌門乃人知よる仙人
乃ひとの絵姿にて見しとむかし古跡

し頭に若風といへり素性法師の雲と
見て人まとてはなかとも吹しらいつしより
こさなる水もとこと吟せり定家卿の拾遺
愚草に見えしこん乃龍に晦りてしゝ息印
雨に咲らいてちる桜なと詠せり又顕
註密勘に大和の龍門寺は仙窟
ありむかし仙人すみしより龍門の仙と
いはれけるとあらせり今桃桜なとの
ありてあはれなり見ゆ

禹帝穿チ成ス三級源。義淵魚化ス活龍門。桜桃
渓處キ古仙窟。空聳ニ鰭シテ鱣ヲ沾ス涙痕ヲ
くらまは山のたくひとも見えの
さゝれ岩根の花のちりしは
仙人のすみしをきくゐ川のかくの
淵ありときく花ちりおち
あとうもんの淵の泉をとりて
花の梅とこそ春の山々せ
春は又花の色も雲よ川のかとれ

歌はほさせなくなりてありし
幸ゝえて無り見ゆるもん代歌ととも
宗祇よしと主義の元あと

妹背山桜

謡門よりの人あさよ家歌の十町あり
西のかたよりまてよしの川をへていもせ
山の花咲る比いもといもせ山ハ紀伊と
大和とあはひよはちう古歌ともいふあし
紀伊のいもせ山ハ万葉集より初て集よ

へり大和のいもせ山ハ古今集より始て
集よ入たり万葉集金村朝臣此歌をよ
みて感作あそびさ也此のいもせ山よ
あり候し地紀よりみ藤原氏なるしハ
あさ衣きもてなり紀の山のいもせの
山ありあさまし吾妹とよめり又藤氏
の人なしわや乃眞愛子を朝臣よめ紀
の川ちき乃妹とせの山とよめり是皆
万葉集よせくり紀州紀ノ川作ら後ハ

紀の国いもせ山なりよしの川は紀川とそ
ひとつ川なるをなれと吉のよりの流
なかるゝなれはよしの川といひしものゝ紀国
の地に入ぬるを紀の川とはいふなるへしよしの
川より吉野なとくまてあるを世にはいふなりよしの
いもせ山なり古今集によみ人しらすとてなかれ
てはいもせの山の中に落るよしのゝ川のよし
や世の中とあり伊勢大輔の家集に見よ
しろく山下なせはさむけしいもせの川を渡

あらく見ゆと詠た続古今集に慈鎮和尚
の家なきこともの川のなかれもいかにせん
山のなかなかなかと詠せり同集に延長
のみかと代々御製にも慈とふかきの川の
水上やつりなの山の中絶ぬらんとも此
外古詠ともこれかれとるに足りつ八雲に抄
顕密勘河海抄類字名所松葉集等
一任紀伊書のみよはくせり飛鳥井雅章
御よしの花見の記にいにしへ山ちかなかやりて

夢見草 五　十七

こゝかしこのみなかみより此川ハよしの
山城なりと出しと詠せられしのまく尺
人あまねくしる處を又わりいでて
挟芳野川妹背山。因名彌國紀和間。山靈
幾嵗縁巻契。對面雙峯實不鰥
花のえんきゆさやいつもいもせ山
なかよしのくるゝせをも
せく色てもいもせの中ハよしの川
よしとてなかる花のしかな

象ノ小川ノ桜

宮瀧より桜木宮よ西へ一町もゆきて松のもと有る
川は象小川（きさのをかは）とて万葉集に旅人卿
にいよむ昔見しきさの小川を今見ればいよゝ
もさやけくとよみ歌は大伴也又むかし見しき
さの小川は今見ればいよくさやけくなり
りけるかもとよめるは家持也此歌まて
万葉集に出入あり続古今に権大僧都憲
實の見しも吉野の紅葉せてやうつらんきさの

小川乃名所の月とよめり夫木集に仲正か

苔乃むしろ乃家に道水池してさゝれ小

川の人月雨の比とよめり又知海にも比山

毛根乃峯よ月を見んとさゝれ小川よむそ

志川なるとよめり古詠と云ひ合せてはさむ

糸波媚玉幾回年紫葉流芳象小川攬浪

瑶泡瀾縁岸櫻宮門か水濺溪

川之花木乃ゝの春をせうくもとく甚

さゝの小川乃苑のえつわと

なかれてさゝ乃小川の玉ミ河と
ミゆる事根ハ流乃しるし
世の中ハのかれてさゝ乃小川ミ越
ひとしは夜さるさゝまきなきえる
苔乃ひま岸根乃いはほ水越して
さゝ小川の流乃うへあり

櫻木ノ宮櫻

櫻木乃宮ハさゝ山乃ふもと也飛鳥井大納
言雅章卿の哥の詞書ニ櫻木乃宮ハ

夢見草五　十九

ある湖乃こゝに至とて花乃みさき
湖乃糸とてそらに出しるやと数よ於ほ
まし湖の糸は花よりちらへてよし乃山
みさきをそらかもと桜木乃宮を詠せまでこ
命とわりといでてかつむ家りしもやうりと
はるかなるとはかくえちるとありぬさ春て
のちはなさむ自笑乃絵かしし給へ至よ
きたく

一洛開ク花ニ桜ノ木ノ宮。亀枝綴テ玉ヲ影玲瓏春風

飛雪高瀧下閑歩軟沙蹊中

ちるは雪ちらぬは玉と見えつゝ

きさ山のまのさくら花木の末

多く香よふ枝と枝にくれの

ありてさるはてきのつや

言よみいとのさく花のつやすて志

ねとわくへく見えうの花

象山桜

きさ山は仙覚抄吉野山中より象山あり

夢見草 五

廿

とひろりまろとも何様て見侍るよ象潟也
里もありさゝ山ハ松もなく桜もあり
又万葉集よやまとうたハあまたヵ来る人呼
子ろきさ此中山よりひそ遥西なるとよめるハ
高市乃黒人なりみよしのゝきさ山之際
猶りハありさとも浅くろの了分とも讀るハ
山寺赤人也後徳大寺ハ入月雨よめる乃
川原乃松ほとしひあよよむることさ此山さハ
とよめり後鳥羽院の御製ハ見よしの

ささ山さくらちる花ハ桜にてされる名とそ
見ゆとさん古詠と志れ侍し桜をひとさハ
文ゆゑく見ゆされども此山もとよ侍給の
世より桜文武勧進して桜武より此花を
と称せしと里人乃言伝へきて

象山櫻色啼粧婦。芳野花光傅粉郎。壓倒
牡丹含雪玉。扶桑称得是花王。

みよし乃ハささ山さくらハみなさ
さく花ハとる乃こちとしささ字

みよしのゝさとの中やさかりなるらん
桜り梅さく花ハあらしれ

猪養岡櫻

猪かひの岡とも猪かひの山とも云へり萬葉集に穂積皇子の降雪ハあはになふりそよなばりの猪かひの岡のさむからまくにとよめり又坂上乃郎女ハ娘なりけれ猪かひの山に娘を麻の衾にて埋くらとゝもしさと詠せり又好家ハここを氏乃ゆかりの名字

せきとめもとおとしや春の音と流るらん
ミまくさいくるしきつらんこころもちのもちひの
品のしたおもてさしとよりて夫木集に
かるとくめひの品たむきかはいとやさしく
秋と秋ふ川なしなのいに候九条家なり
やしあうらかて花ちりて
鼻雷摺レ石テ盃ヲ金ニ光ス霊圃ヲ名ノ残猪養圖ノ。君挙歟
山院ニ娯ミ斬睡。採衾綴レ玉落ル花林ヲ
夕附日さすまつとことく暁なしうりの

かはひ乃岩の花乃なミよゐ
いとやさく咲とか代ミ乃おもひや
花乃咲ミぬよさく梅いなし

大河邊柳藤

大河野邊乃風景作りも也従それより川り
そひてゆきしくくもし大河のあと里
人乃ミえ見えれし世代をえ見わりくよ古さ
柳よ藤なと乃もひろ見て代くかもかえ
ねよをもらひ乃ゆりしらそ万伊古今集よ

みよしのゝ大川のへ乃藤波のなミにねりて
わか恋やハ又新古今集にミゆし此大川
野へ乃古柳か宮まてみて移春なきさによると
よろい浦仁記之也新千載集にもらミゆ
きた大川のへ乃世話に居しねり又誰にある
なくせしと詠せるハ新古僧正堀河百
首に後源ハよしのなる大河水のまへにハ
代ミ川に此花り給ひて宇ふとよろしいに吟
集に家隆てハみよしのゝ大川のへ乃藤波乃

春を暮しと冬に見まさん又紀長よあり

ここ字よ見よすの大川の入りける春浪と

まつり新六帖よ紀家云ハ室人乃むすめ

若乃鮎しく鮎本大川の入乃あまの海くをたし

と詠せり川添乃緑見るを也も柳乃色と

出い桜いちり流るるを花ハ桜乃花ハ流れと

山吹乃花と咲ける紫千紅總是春

と云ふいへり

大河ノ邊ノ景也風流。紫雲白雪携ニ杖頭ニ落魄ス

絲蒼垂ニ蔓索ヲ風狂セル楝絮輥ス毛毬ヲ

柳さくら春山吹きちらしまぜて
大河のへいるゝせきよくり
見よしのゝ花は野への春の色
風よりたゝよはる柳の糸

水分山桜

水分山の名は久しく世にあらはれし山は
往昔洪水よく何とて此の流は溜りて
此より万葉集よみ人氏の詠さゆる岸根

ちりしくみなせの水は山城にても当るとも
よめるは古今新古今に載集も入ぬ新後撰
集に寿澄法師のみなせの水なら山城にて摂
津ともきこえひとつのかみもしるべと読り
續後拾遺集に採れし水無瀬山に風吹て
六田の淀に岩浪とよめるは皇家
なり夫木集にこそみなせの水と山城なる
よりさてしはしや花の夕かへと詠せるを
清輔也花鳥井戸章は清はとも水なら山に

ちる花をみるとても惜まるゝやあらんと詠
せられつるも詠せし人もくもとてなくも
思ひまさりてかしこき此山のさかりて世の
中ハ皆くもらしかさに夢見草と名つけ世ハさか
行もしらぬとしへるハ夢を見る人もやいらん
芳名流布水分山。陵谷變遷無可攀。幾度
桑田移易後。只今分渚ゝ潺湲溪
霞さて水ハやまのあとゝて
花の溪流ハこのへ門

山乃名ハなつきしみこそによしの
洲さくらこそ花のえならぬ
庵よりてなかられはたくなよて
連日尋ヌ芳ヲ吉野ノ中。桜花簇〻玉玲瓏。色香
一様景山異處〻詩歌又不同
学ふいく日花ゆへ根てこそ乃
根なし多寄よ山そこなる
日々そへてまつ山のうち見草
とはくの花の根こそて

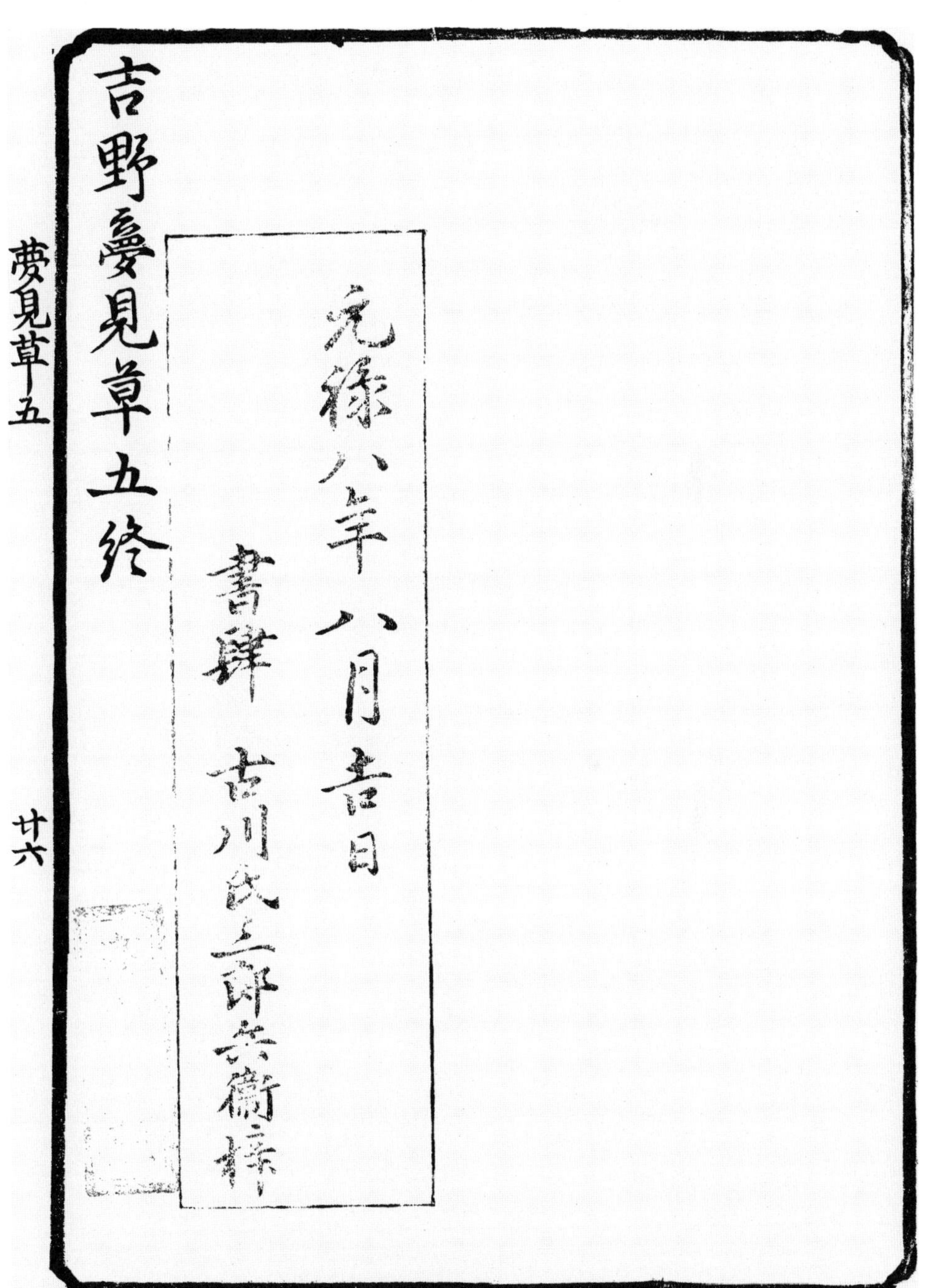
元禄八年八月吉日

書肆 古川氏三郎兵衛梓

吉野夢見草五終

夢見草五

廿六

吉野山独案内

名入
吉野山独案内　一

吉野山独案内巻一 目録

飯貝（いひかひ）付御茶（ちやたち）　桜渡（さくらのわたし）　花筏（はないかだ）

七曲（なゝまがり）　亀石（かめいし）　花園山（はなぞのやま）

桜田（さくらだ）　隠松（かくれまつ）　山井（やまのゐ）

関屋花（せきやのはな）

吉野山独案内巻一

よし野山乃濫觴ハ天竺霊鷲の御山乃かたわれ
をうけて又川の雲の世をすてし此山也
あらはれぬ山のうち東西ハちかく南北ハ遠
かなるを北ハ胎蔵八葉の曼荼羅を表し南
ハ金剛九会の諸尊をとりて四千九院の劫
まな縁法の花あさやかに三百八十の岩屋よ
ハ瑜伽の月あきらかなる事ハ遠く峯
の桜谷の奥も咲そひて白雲藤かゝりてあ
やしまれ秋ハ恭しくこゝろ山の梢雲の紅にも

名みえて紅日川あるやかに陰く見えけれど義楚六帖に日本第一の霊區として誠にわが山は中にも閻浮檀金なりし故金の御嶽といひ山号を金峯山と名付又は国地山と号し異名を耳香山とも青垣山ともいふなり

拾遺　　　　　　　　　　　　　壬生忠岑

春立といふはかりにや三吉野の山もかすみてけさは見ゆらん

新古今　　　　　　　　　　　　摂政太政大臣

みよしのは山もかすみて白雪のふりにし里に春は来にけり

連歌発句

みよし野やかにはの花の山まつり　宗祇

あくる世の花にや小瀬ひよしの山　肖柏

こゝろ山やみよしの花さかりも　宗碩

武蔵野ましてわかん花とよしの山　紹巴

ことの葉もかはむかしやむかしのよしの山　昌叱

みよしのや千里のかの花さかり　心前

みよしのやみねは花みね都人　玄仍

みよしのや花は深山も都より　昌琢

さく花のさかりさかりはこよしの山　玄仲

ちらぬかの一本も花そよしの山　玄陳

ことしもや花の世かゝよしの山　玄的

日野の花の根さしやよしの山　昌程

ちるへきもよしのゝ花か富士の雪　玄俊

花ありこそ花のかけなるよしの山　昌通

花よりも今朝よしのゝみよし道　仍春

咲ひらく花や一枝よしのゝ山　昌隠

みよし野は山は一本の桜哉　岩手　宗也

入けりや花の天地よしのゝ山　天満　宗因

雲にあけて象山のけハ松の嵐　月　宗春

よしのはまれやされは花盛　天王寺　以春

春はまや青根を越て花さかり　大坂　西順

ちらさねは花やつらてよしの山　吉野山　正永

よしのゝ花やうへミぬ鶏の容　月　忍可

みよしのゝ桜ハ瀧のまさごかな　日　和廣

さくらさねにつゝむや花のよし野山　今井　宗顕

花を出てむかふ入日やよしのゝ山　日　玄入

みそしらぬ花てふ花のよしの山　日　宗獨

玄永法師の夢に一夜明して

花ゆへにみよしのさきもしらぬ哉　云孫　京　貞室

誹諧発句

よし野にてなんといふ花やよし野山　日　貞徳

色いくとせかはらぬ花のよしの山　日　貞室

花ハよしのゝけにおしや世のかゞみ　日　季吟

花はもろこし何まてやよしの山　日　重頼

富士のやまかうしめて花の雲かな　日　湖春

よしの山つゝむハ花の帽子かな　日　葦和

さかし花のつかミ出しあられよしの山　　同　梅盛

山はどこにわらやよしぬく花盛　　同　了味

花の後しこゝろや家持よしの山　　同　元隣

げにらそしく花はひらくめうよしの山　　同　可全

みよしのは花をとつゝ袖でびしかし　　同　友静

滄海を濤しよしのは花の波　　廣橋氏　善佐

風便や花散はかよしの山　　天満　西翁

花のさミの宿やうへよしの山　　同　空存

よしのくミとハくずし花盛　　大坂　玖也

万句してそ言葉の花のよしの山　　堺　顕成

向もゝとよしのゝ月や山桜　　同　永重

花より世は捨る言葉なりよしの山　　同　長治

めくる大和一目なや花のよしの山　はつ戸　德元

千里はゞく花や一あしよしの山　日　未得

よしの山とこそいへの花見衆　日　直可

花のためしさしかみそよしの山　日　勝山子

桜まやつやのがるゝ人ぞよしの山　日　重之

人よせの雲とみる花のよしの山　相州浮石之住　徳窓

美景にや人とまなく山桜　勢州山田古跡　保人

まさしく咲とよしめて花や香にひ　摂津今津住　不必

花はよむや許かざし一よし此山　摂州平野住　宗清

よしの山と諸人なれや花の宴　紀州和歌山住　貞長

松はすみよし野ハ花の名所　豊後州中津氏　知拳

みよしの景や一倍むつの花　河州大ケ塚住　可正

ちりまれどちらぬやうつすたれのさくら　和州郡山　正武

かのはなはたゞ山ぐらいよしの山　同　宗甫

花はよしのの只後舎の次麻呂　同　見林

宿流やこ原小京吉野は花ざかり　同下市城氏　果良

よしの山越て出茶屋や花時分　同今井喜計　宗顕

花は下戸に古里いらぬよしのの山　同今西正蔵　宗独

みよし野をと目あてや花のさくらまよ　同下市氏　正之

みよしのの花や日ぐこわらさかり　和州高取清氏　本直

みよしのにきてみよ花はひとへあ　同越部弘願寺　友堂

よしの路は皆さくら小みちなる花　同曽関本氏　正長

みよしのの花ならうつりやめけ糸り　同今井大内氏　宗勝

かね日も花にはとよしのの山　同下村氏　玄可

花の香はよしのに似て独案内　　吉野山諸奉行菴　周可

吉野川

花の波濫觴なりやよしの川　　尾州名古屋住　寛清

よしの川蛇籠も花のつゝみ哉　　大坂住　如貞

よしの川や花の鏡の天下一　　京伊藤氏　則常

鼓なくして花笑やうらの州　　和州高取松本氏　息女

金峯山

山吹の色やよしのゝ金峯山　　東　貞徳

さしてこそ花や宿座の金峯山　　和州高取林氏　忠要

花は吹風こそ先魁金峯山　　同多武峯東谷坊　乃心

花と月わすれじや千々の金峯山　　同所住　大進

時雨てやめつらし黄葉金峯山　　紀州熊野住　一入子

金御嶽

花咲して小柑やさむる金の嶽　勢州今井今西正蔵　宗獨

よそにみる花や嵐しるみの嶽　勢州柳本原田氏　令行

幽軒山

花咲月のけ物かれや幽軒山　同今井田中氏　玄順

耳香山

鶯の声咲りてきけみてら山　同今井森世氏　顕與

花は風や吹もしるみてら山　同不安田氏　道伯

けしきみよ花入のみてら山　同不今西氏　正之

手折かよ桜にみてら山桜　同常門住　茂喜

花ころか霧のさねのみてら山　同去沢賀留氏　親則

ちりてきるや花ふ果報のみてら山　同新口住　養家

花の瀧にうたれとや泡ふみてゆく山　日州本小河原氏 少丈

おりくさるや月のうさきみてゆく山　因州妹尾氏 保直

月の輪の入や達磨のみてゆく山　播州山田荒木田氏 武在

青垣山

味しられ青くさき山は庵その寺　和州今井木村氏 玄可

○吉野山の林藤六田の里にいつしか船あり桑清の旅人山川まで見とをさまよむかしならすく川とれ六田の淀とて名所なり

新勅撰　前関白

よしの川河波たかく御禊して白ゆふ花の波まさるらん

紀貫之

古今集 よしの川岸の山吹ふく風に底の影さへうつろひにけり

土御門院御製

風雅集 船のかよふ跡も緑にかくるなる六田の淀の玉もなみ寄

源俊頼朝臣

千載集 ちとせとみよ六田の淀にさしてしれ禊(しら)わさ(こゝ)に

○船よりあかりて一の坂とのほりゆけは山口にて出(で)

髭(ひげ)の明神(みやうじん)ありて同所に役(えん)の行者(ぎやうじや)とも又獨鈷(とくん)

の尾(おま)といふ石(い)の像(ざう)あり此所より吉野山圓

の梢まていと明所みわたされ四方の山々見ゆる

桜にて花のさかりハさだまらず其としによりて立春より七十五日程ありて葉より花の開(ひら)き初(そめ)次第にさきのぼり三十日わたりも花ハのこれりさもとも中十日ちかうてと花のさかりといふ也一重(ひとへ)桜のさかり

摂政太政大臣

玉葉集
よしの山峯の桜や咲ぬらんふもとの里ににほふ春風

後鳥羽院御製

続古今
見わたせバふもとばかりに咲初て花もおくあるみよしのゝ山

源三位頼政

風雅集
[illegible]も道も桜とみよしのゝ花のさかりの奥ぞゆかしさ

岩ノ坂
柳ノ宿
六田のよどし

六田

ことゝせよ六田の淀乃柳かく　京 季吟

むすびつのとおや花かつら里くち　和州今井上田氏 長政

花ちらす入相の時も六田の郷　同所安田氏 道悦

新けれ六徑しつ参六田乃蛙かな　播州姫路住 之冨

こゝろさせ六柳桜や六田よしれ　和州下市秋清氏 守由

一坂

さくいられ一もふうせん一乃坂　京 湖春

花よ燈おあてや万法一の坂　和州今井大内氏 宗勝

大賢も花よましろや市の坂　同所尾崎氏 元継

軍する花や大功一乃坂　同所安田氏 道悦

花よのむ一のさくてハ詩あ小　同所門氏 勝秀

花乃岸まいらん一乃坂　京中嶋氏　随流

ちりかゝる花もや三ケ一の坂　和州上品寺上田氏　直清

きのふ乃花や三十一乃坂　同色生住　善行寺

是二是三唯一乃坂の花見んや　同軽細井氏　正友

二まうこの花こそ二なき一の坂　同車木住　常永

花軍風しや一の坂とをし　同高取住　不得

山口

山口にわけ入ぞ征乃花さかり　和州坊城岸田氏　正田

山口乃奥歯やこぼる花乃笑　同高田宮崎氏　正流

山口の花より嵐へおくひかね　同

口よ鏡

狂哥

咲花の光とみれば口よ鏡と往来人のこゝろあけ燈籠　大坂中林氏　宜久

吉野出よ雛に鳴や[illegible]巣立よ鳥　勢州山田住 伊氏

吉野りけや花に三春の役さらひ　和州大福住 吉沢

吉野りけの花や咲よの御神楽　吉野山平井氏 直房

辛夷りところ吉野りけの桜かな　大坂住 意朔

新猶居

漣乃紐もとりんれあすや花心　和州今井今西氏 正之

吉野飯ちら吉野町ゆひろ乃川中に流るる
山とそ名所あらむりしいふなりしとも見れな
りれてあ原になりね

新後撰

みよし野の山の滝津瀬ますひとくれなゐなる　寿覚法師

太宰大弐重家

讀於送
桜さく比ら山に風吹ハ田の淀に雪つもりける
北ら山より小乃川ながれふしかくいつきかうと
いふ示あり影武部山下にて伊賀士のありしより
よしや花さくらあるやとかれもれを
伊賀士いさとさうち花さうぬちらもちらぬまる風にだ
と号へるとあるを附式部さへかりけるや
鹿王とふしおがミるれしゆく人の付侍る
よしの山よりわかれわかれて比そちとて七堂伽藍
聖徳太子建立の地なり炎上し中堂計なり
推古天皇三年夏やまひまうでしかるに土佐国南の海
にあるく大きさあるひかりあり漁人あや
しミめてこれど長さ八尺乃浮木ありけると

かくれてくつり竈乃下よりて焼しつハ異香薫じみち／＼たるを太子御覧じこれハ南天竺よりわたりし沈水香といふ木なりとて百済国より仏師きたりしにその霊木にて観音をつくらせたまひ比蘇寺にをさめたまふそのほかの霊仏おほかりし[illegible]安居のところしるなり

續後撰

静仁法親王

世をそむく山ぢハ昔乃宿なれや月と揺てぞ影やとしけれ

水分山

○水ぬし瀧津岩根をあらひつゝ水分山の音も神風　八宮家生白庵　玄風

○千早振神代もきかぬ此山奥をとふらむ花の白雲　同　玄風

花守り身ハ水分り水入ず　京山田氏　湖春

温湯の水分山のちるさくら　天満平子　元恕

万木り水分山や春の雨　大坂小野氏　政長

桜川へ水分山や花の瀧　紀州熊野住　松緑

又月影や水分山を一分れ　京中嶋氏　一入子

春雨や水分山の龍の息　随流

うし梅といつゝ海り

泉りくらむさそひて水の下もとし　和州長谷本願院　定卜

てしむきも泉水浴やふしね之　大坂堀田氏　行芭

汲桶の庭にも色いけうくゑ　河州柏原三田氏　浄久

ふしねめいうゑの月も花の詩　勢州山田古跡　従人

ふにれのむ座禅のいけゑ錦　江州彦根住　拯房

法華寺

咲花はみそし法華る此詠　河州柏原住　正隆

花さらひろうしおりんてはれ　和州今井今西氏　毎雄

○思ひ出しら岳峯とのかりいた丈六一の坐主わ月もとらし色塊の懐として三方に山あわてもとうけ尽しわての村れし浴みむひるかくし秋とみくらみよしの花代ららや武士緒　奥州岩城　風鈴軒

丈六山一のさか

長峯

とのゝ懸(いさ)しおゝみ桜にかけゝ郡山　勢州山田住　朱欣

山鳥の尾ゝ長さゝの桜花　和州大福住　吉次

丈六山

開らくまもなしや丈六(ちやうろく)の花の陰(かげ)　同柏原住　正次

丈六ハ花さうなまなこひ開かハ　同薩戸住　忠廣

山の名れちやこゝろくゝや花莚　同多武山峯光純　吉楠

かごしあてゝちらし丈六も花見哉　大坂住　玖也

一花

くハんとひらけ口の花生の花　京宮門氏　了味

花やけに一の花生のことわりさ歟　和州高取増田氏　心計

花も二ゟしなゝめや一の花生　同今井金西氏　宗獨

狂句　姥懐

みよし野は山姥の懐にありとて花乃ちらぬ哉　和州今井寿計　宗顕

狂句　同

鶯も姥の懐そこらやらわまへあるみよしの山　同所下村氏　玄可

狂句　同

むつきもやあらしなる雪風をさへぎるとたるや姥懐　大坂桂田氏　行豊

狂句　同

薹あるこもよしぬ萩ちらず菜もとつめてよしのあたりわふ姥の懐　同所風内　胡蝶女

狂句　同

よしの山雪寒き夜は祖父も火桶とのむ姥の懐　河州　正香

花の風いとふや姥のふところ子　和州今井不楚氏　元信

舞の袖や姥の懐にある胡蝶　南都住　吉忠

よきやにもつらしや焼ヶ原の菜　勢州山田住 人会

花のさくや焼ヶ原のかく〳〵帯　和州兵庫住 正廣

猿のつゝ焼ヶ原の鼯もしひ　同高田住 似柳

山焼ヶ火ところ〳〵鬼薊　同今井住 柳菴

あられ雪や焼ヶ原の蕪の系　勢州山田白泉氏 満通

○焼ヶ原より七町計過峯の薬師堂あり同所に石の不動あり又なは山に文禄三年二月吉日に太閤秀吉公御参詣清水の御茶屋ありし給ひ也

よしの山梢の花の色〳〵におとろかれぬるゆきの明ぼの　太閤秀吉公

関白秀次公

来ては花落ては雪とみよしのゝおくある山の春風

薬師(やくし)堂(たう)三町計過て右の方に嵐山(あらしやま)あり亀(かめ)山院(やまのゐん)の御宇(ぎよう)に此山を洛外(らくぐわい)へうつされしとなり

同所むかしのひとのうへに千本(ちもと)の桜ありけり世(せゞ)

迹(あと)をひらきて日なきの花と以入里

大納言雅章

咲まよせてなをさや河風よりも山ちかきに白き花の春風

石ふどう

峯茶師

和州今井式部 宗定

紀行 此比は峯の茶師の庵居して山の梢に病かゝる

日本尾崎氏 元継

同

紀行 南無茶師ちりそけ給へ花て柳さくらのとら
とも まもらせ給へれとしめか

日本今西正蔵 宗獨

紀行 去年は峯にわかしは胸の茶師かな我か為とかりけり

堺梅本氏 定之

峯の茶師花や火ともみん十二燈

勢州山田清水氏 光重

うすむ間もあるや峯の茶師出る

和州今井今西氏 海雄

御茶師やぬりものえん松の花

日本多武峯 花袍

峯の茶師とんしろくと落葉

日本久保氏 雲説

峯の茶師は花によるなりござんぬ

石不動

花は風の悪魔とちるへ石不動　和州今井中沢氏　之宥

ちる花は火焔のことし石不動　同越部住　忠良

まとふ蔦ハ仏の縄や石不動　勢州山田荒木田氏　武在

つらてる石の不動やうつゝ　大坂住　意翔

嵐山

花の鬼門ゝ花のあらし山　紀州和哥山宮村氏　猿孫

風前の灯ゝ花のあらし山　和州世王井氏　是望

毛頭の花や世界にあらし山　同高取中山氏　吹軒

ミすしれてちるいくさくらし嵐山　同石見住　歴然

花の酒や山ハ嵐の春にのこ　同桜井住　友忠

落花もをなやむ山風と嵐山　勢州山田石跡　伊人

二宴りあらしの山の落花　和州今井今西氏　宗独

千本桜

ちりもせぬ花ちる陰に散なとら遊ひ夕桜よ　和州今井今西正盛　宗獨

粗奇

ちるとて蝶の夢にちとらとちらちりもせぬ花の入ね　和州高取松本山氏　氣延子

奇日にてむしちりもの桜かな　同郡関本氏　長房

花代瀧てもしむもらちれりもかな　同越部住　正重

しらあけよ幕のちりもの桜かな　飛州山田古跡　伊人

中宮の夭とちりもの花の雲　和州今井今西氏　宗獨

東辻

粗奇

ちる花のこゝろに残とゞけやそ吉野嵐とまたに世め辻　和州柳本㛇尾氏　保直

東辻やまの際ゆく駒くく

東辻へ杉ちらし地獄了桜花　同州原田氏　徒学

同弁花

行人おしてあふかし日本の花の奈　和州今井今西氏 魚雄

日本の花とやらうめ艶のとし　同猿本住 行好

日本の花は六千余花しらか　和州兵庫住 正廣

楽天やちらぬ日本の花くもり　摂州山里古派 伊人

山桜是ぞ日本の花の王　江州彦根住 可寸

みよしのは日本の花の[illegible]　和州宇多郡[illegible]氏 秀綱

詳の露やつゝむ日本の花の種　同高田住 似柳

○

日本花が盛ぬ武蔵へも通わらふまじ[illegible]
国々も里わかむらし桜[illegible]とかさつる紙いり
のにもわやもら仮園とりさけるにや

良女

万葉集
ふるさらよ佐吉のゝ山にぬ麻のまをよつなかすとも
人なくとも舟とめて川辺に桜の
ましかわかも花筏に乗
人丸

拾遺
しれとわかなき山川のおちくてもたえぬ河れとひくらん
道助法親王家五十首の哥よ
よしの川たえぬ筏のかゝりても思ひよする波の心と
後九条内大臣
よしの川大宮人の釣りに浙れるしへてそれとしるらん
○同所谷なかに観善寺とて真宗の御堂あり親鸞

聖人より八代目蓮如上人遠忌志あるよ

蓮如上人

うれし出心を海に行つゝにすそれしこそや喪は領

遊吉野川

藤原宇合

芝蕙蘭蓀澤　松栢桂椿岑　野容初披薜
朝隠暫投簪　忘筌陸機海　飛繳張衡林
清風入阮嘯　流水韻嵆琴　天高槎路遠
河廻桃源深　山中明月夜　自得幽居心

うめいし

本善寺
飯貝村
上市村

飯貝

飯貝と舟よるは猶乃夕暮れ　和州今井今西氏　宗猶

程前
飯貝にハいる猫乃声恋ハさらひつゝそちるさくら

程前
飯貝代ふけも御室ゆくらかの花見ぬ夜もしく舟為　河州柏原住　浄久

花やさてもさかり飯貝の作苗　和州今井森田氏　顕真

桜の渕

舟も山よのつり桜ぬをとしけり　勢州山田住　正宅

雲の華やのまへ桜のまたけ紅　大坂住　重崇

ふけとらや桜の渕し花燈子　和州今井住　利益

色香まそふりひ桜の渕しけり　日州武峯先住　実盛

花盛いして桜乃またしけり　大坂住　意翔

一つほんし色つめや桜れ御礼花銭　和州今井順明寺　宗作

籠のなしそ分れて花銭　和州今井大内氏　宗勝

よしの山の色てよすや花銭　同越部住　正忠

こよりのやまもときの川花銭　同石見住　信昌

梅のあやかしひめ若の花銭　同今井木俣氏　顕貞

奈人やうりくさ唐の花銭　日本家長氏　立本

ちりて又うきさりやしもち花銭　同満氏　守堂

花銭は本のうひさきさひたふ　同今西氏　正秀

○仮見より色の行道とてよりとくへり彼の
中将の色紅あらのかうつきて吟道と一翁

小ならぬ山にありてよしの人しも桜なくとうなら
桜を三十本植させて
大納言雅章
いにしへ十とせばかりみよしのゝ植置し花とまたれん
○月やかの花よりさきにひかりの方に花雲あるとして下
なりにける代桜田といふなら
入道太政大臣
続後撰集
みよしのは峯の花園風吹ばふもとにくもる春の夜の月
道助法親王御集 五十首の中
よしの山嶺に植ゑし桜田のとくなるかの花のけしき

○すゝしさをひさうにうつれし松こそ木本ありとも

大納言雅章

さくらかる花にゝられて名をもきくるやいつこやぬ松

○隠れし松石のたゝえに山の井ありとも

藤原泰俊

新勅撰

みよしのゝ井あつちて旅人や花の下風とそらん

長嘯

山の井にわかぬ名のみや咲かぬ花の雫を袖やくむらん

○隠れし松よりも金鳥居まて続く関屋花とゝ山

なりも

よしの山誰とむるとはなけれとも今宵も花のかけにやとらん

太閤秀吉公

よしの山木のめくみにも雲をへていろとみゆさし花の海

准三宮道澄

明ほのゝ雪とや見えんよしの山花は木ことに色花の嵐

法眼紹巴

よしの山花の木立（こたち）とやのつゝ歌からし移（うつろ）ひしともや

法眼由己

こゝろせむ花なそとつゝみよし山宵もかゝる春にあまやと

法橋昌叱

七曲

七ところむかけとなる花見かな　勢州山田荒木田氏 武珍

花見酒に酔ゆかうや七まかり　日本円氏 武在

七まかり海ろ花見や桜のを　和州今井木村氏 元信

打りなやみ百八十七まかり　日本下村氏 玄斉

七まかり花見やこゝに一まかけ　日本絵師 信堂

のとさゝし七まかりあし花見酒　南都住 尚久

ひとくまさゝ七まかりまや八重桜　吉野山青木氏 正白

花見ん有入子の浦や七まかり　和州世関本氏 良房

花となかうへのつや七まかり　日本円氏 正之

亀石

長閑なる御代やうこかぬ亀の石　紀州橋本住 一空

万代の春も若しむ亀りけり　勢州山田中田氏　友巴

梅暦ひらくあらや亀りけり　吉野山富高氏　政重

いはれさんぽとに方亀の尾　京井狩氏　友辞

亀山の花よりことしらまつり　多武峯今福元氏　宗貫

万代の春を人や亀の尾　日本橋　乃心

桜田　和州今井家長氏　言木

みよしの山や花に海の緑ハ見桜田れ花のさく池　秋田住　竹蝶

桜田ハ万代花とも花かな　京　梅盛

桜田におなし一念や百性　江戸住　宣安

桜田ハ風ならしや千万町　和州郡山加留氏　親則

花の波やさし桜田のますゐ流　吉野山世室氏　時永

漱の栖も桜ふ桜田の流かな

隠松

花の波越るはもくれし松　和州御本小河原氏 小丈

まつ世をも薮にはとにかくれ松　同高田専立寺 本浄

あのひくや花盗人もかくれし松　同寺田庄 松枝

春はみらりなつらてかくれし松　同萩田住 溢昌

雪衾むかいてやかくれし松　和州俵本住 室春

雪にみよ山は深きにかくれし松　勢州山田古跡 伊人

雲の月いかしと常盤かくれし松　和州今井井沢氏 義益

ちとしれぬやかくれし松虫の穴かくこ　大坂之住 秋月

家もまた月宝山かくれし松　和州大路堂光専寺 顕競

山井

山の井やあしてしらぬ花見酒　小村 湖春

裡竹

山のいもあらけてやとろゝ汁　京井狩氏　友粹

山の井のあさくもちるゝ花さへ　和州高取中谷氏　貞長

山の井ぬ花をかゝやゐねつ之　和州今井太田氏　宗勝

花ハ根にちる山の井や水濃　和州五条住　勝房

山の井や綾ふにあらねは葛　攝州山田吉跡　保人

閑居花　和州今井森田氏　元信

ぬかまんと腕しせられ花見ハおしくとん盛称せらん　紀州杉門住　遠方

短冊いせきやの花のちらてや　和州高取在京氏　任世子

しまりてもむる閑居の花ちる　日本今井今西氏　正秀

とふかしひそ家と閑居の花風　攝州山田荒木田氏　武辰

ちりうとるにと閑居の花の寄

ゝ濃力もとゆれし閑居の花の香　和州高田住　似柳

風くつとゝ関屋乃花やふ雲生

撰集にとめよ関屋乃花の宿

生業捨てとめよ関屋の花の宿

何としる関屋乃花や鳥甲

紀州橋本住　定吉

摂州天満平子　政長

和州八木住　春光

大坂住　自足

入忠

吉野山独案内 二

吉野山独案内巻二 目録

吉野山独案内巻二

○金の鳥居のたかさ三丈五尺はしら五丈五尺回
鳥居乃額と名筆にて発心門とかきたり破損
しけるによりてとりおろして竜王堂のうちにあり
ありすこし西に茶井坂あり静かとしの
硯いけといひし所なり

権中納言経房

千載集
かしこくも神の誓をたのみてぞことに門に入ぬる

藤原教家云此して毎ひし時
かねの鳥居のはしらに書付給ふ

日長くとも人を暁(あかつき)と待ちのやことを照(て)らせ法の燈(ともしび)ゐる船よりもひとしれ御船(みふね)山あるとあまりめさの山あるもまそうしひくらは桜り嶽(みたけ)あり

柿本人丸

新勅撰
みよしの御船の山に立雲の常にあらんと我思はなくに

正三位重氏

新後撰
瀧のうへに落そふ波は嵐吹くみよしの山の桜ちるらし

大相国家康公

咲花もちらんと思ふみよしのは山あらしさく山風

発心門

桜奇
花見衆の先間にゆるかからぬ鳥居とゆえてかひなし　和州今井中次氏 三肴

令鳥居

桜奇
同

みよらぬかの鳥居も真しるしと一かれ風青ぬ　河州柏原三田氏 浄久
めくろ月い八挺ゆゑわかろぬふ　大坂中林氏 宜久
月花やり稀の鳥居乃二へら　和州高田住 紙柳
しらひ皆乃さ形くハりの鳥居　吉野山堤氏 光久
ちろつ花い入おかりのしらぬふ　多武峯今井茂清 乃心
花にも道しらるり乃ちらぬふ　和州高田西方寺 玄哉
花とみえて立るの鳥居ぬ　同今井松村氏 茂栄
霞に盛りもとせとうるぬ鳥居　勢州山田住 未海
雲かりとろりぬ乃鳥居や目本立　河州山田住 玄政

狂哥

發心門

さて明に生死の苦患(くげん)をとりとするや發心門　和州今井森田氏　元信

花散(ちる)をとりくくや發心門　和州高取深瀬氏　三宜

花あらして闕(けつ)入(はいる)ならば發心門　同今井横山氏　玄琢

花の下(もと)のぬ士(し)はむかや發心つ　同今井下村氏　玄可

もろこしのさらく花花に發心門　同八木尾氏　重張

花や根に帰るもかくし發心門　同八木住　千勝

發心門ひらく心の花もこれ　同坂本住　行好

蔵井坂

花はさうろ我いのちるや蔵井坂　同色生住　義竹

御船山

名は花の名とそり揖(かぢ)やみふね山　堺池嶋氏　盛之

花に向や遊山乱酔みよしの山　　河内御厨　春雪

さいろみよ花のあるじか梅がみよしの山　　和州[illegible]林氏　忠要

山々みよしのとすや[illegible]し花見衣　　同[illegible]平野氏　良弘

花よ風やあやしい付てみよしの山　　同[illegible]氏　正長

[illegible]おのづから花やひとふてこゝろみよしの山　　吉野山[illegible]氏　勝秀

花とみてやいのちとなれとみよしの山　　同　平井氏　直房

見ん[illegible]や花の波こえてみよしの山　　摂州平野庄　一之

上に花のしや雪[illegible]とつむみよしの山　　同　柳花

みよしの山やけふ御幸[illegible]も渡し[illegible]　　勢州山田[illegible]　伊人

風よ帆やあくるこゝろのうき[illegible]　　多武峰[illegible]四院　鬼子

みよしの山り[illegible]舟[illegible]りなの舟　めでたの山　　高野山　如下

花ハうつのなきぬてきの山桜　和州今井大谷氏 元信

よしの町に入るや花ともぬるの山　同今井御井氏 友和

ましてひくきぬさの山のこゝろ　同田原屋氏 正重

山のなのぬくきらの床やともちて　吉野山稲荷住 長次

桜の山寺

みよしのや桜の山寺げはせいらし庵　和州輕石井氏 以知

ふる寺や桜の山寺のかへり花　同高田宮崎氏 正流

関屋の花よりも子守明神の坂の下まで咲け

滝の千本の余ある情藤の人びと

わくらはに花咲のさらり名物には

砥 襟 螺 燧 塗物 葛 椎

茶(ちや)　紙(かみ)　漆(うるし)　多葉粉(たばこ)　造花(つくりばな)

花籠(はなかご)　鮒鮨(ふなすし)　材木(さいもく)　杉丸太(すぎまるた)　[illegible](うとさ)

木[illegible](きをち)　山折敷(やまをしき)　松茸(まつたけ)　椎茸(しいたけ)

けつくら

短冊(たんじやく)や花よりしのゝけ紙　和州今井安田氏　道沙

みよしのや花を思ひとゝけ紙　郡山田中野氏　成伯

同今井木下世氏　元信

相寄おんでん
行燈とみる有明(ありあけ)の月とみる花は山の里にあれござ　同今井大内氏　宗勝

相寄
みやまぬし山のわき橘小袖(たちばなさこそで)支て道さまからくずら

花は鋒る風やうらみむさくらかれ　吉野山池平氏 定勝

ちりあか雲もみとりの柳かな　和州高取野次氏 方親

花ちりて是もちらは岩つゝしかな　同越部住 当明

桜もちるまに花ちる月かな　堺池嶋氏 成之

月入たまふ扇もちらにや吉野山　同

よしの術

よしの山にぬ山やかまふ花心　堺梅村氏 定之

よしのちるふとにやせん花軍　和州今井今西氏 家広

初并
蔦

鶴とつは夜明の月とみるとにはゆめ里にかゝる蔦哉　八宮家生白菴 行風

初并
同

不まつ蔦のさしはとそふとれもうしむ白根に雪もふる中　和州今井本谷 元信

同　　　　　　　　　　　　　　　　　　和州今井太岡氏
吉野山やそのゆかりの菖てんに腹居りおへと人や待らん　　宗勝

同　　　　　　　　　　　　　　　　　　同所今西氏
夕菖代月は鞠やみのぬく菖摘まそわくといふ　　　　　　毎雄

　　　　　　　　　　　　　　　　　　　京
潤葉や作もうしひろよれ菖　　　　　　　　　　　　　重頼

　　　　　　　　　　　　　　　　　　　京津田氏
吉野菖や宮とのかと定まし　　　　　　　　　　　　　如雲

　　　　　　　　　　　　　　　　　　　天満
大和守ぬいろれ根やたねよれ菖　　　　　　　　　　　西翁

　　　　　　　　　　　　　　　　　　　和州田原本氏
花り風やよしの菖れ々と　　　　　　　　　　　　　　其望

栢

　　　　　　　　　　　　　　　　　　　同今井今西氏
ちつやちけくれと海きひろわまき菖道と今にるあらわや　宗僩

同　　　　　　　　　　　　　　　　　　河州柏原三田氏
ちちにかくよみくやは太鼓とそおひしけふもくうねたらひ　浄次

よしのくやいさ花まてかゝる名所
堺池嶋氏　成之

ひとりまてとよしみたよりもや
大坂住　政也

よしの桶さゆるや山しちくさかり
京　昌意

かへりの紅くれぬもよしの花の帯
摂州山田住　念叫

吉野とふ香やよしのゝ紙
同山田古跡　伊人

青葉の比はよしのにて
花よ縁のくすさや[illegible]
摂之住　利房

花さくは桜と名はよしのゝ[illegible]
同住　方由

よしの山よしや[illegible]
山済　宗鑑

花よ風やよし[illegible]の道
京　貞室

うらしかりてみぬ花ならぬよし野山　京　立圃

よしのやあらしとまてこもれ花の道　堺住　宗賢母

花うらしめるやよしのは鬼が鬼　江戸住　重成

菜

表あたらなせん菜をよしの　堺谷氏　永重

たてて　和州今井今西氏　正雄

　　桜狩

みよしのは山も霧てたたこそのとめたる表はとられり　天満　良慶

よしの山やたてて花くもら　吉野山半井氏　笑義房

冬よりたてこいよしの一朝

つらり花

ちらり花よとれとみるこそよしのぬを　堺池嶋氏　成之

志くらり

花入て能れや斎しあぐりかご　和州千股氏 観則

花の雫もれやせんもしあぐりかご　堺池端氏 成之

鮎鮨　摂州今井末次世氏 元信

鮓井
鮓みるやそれにしくとも又へ哥を思ひつゝ人の鮓よりあらしよ　同今井細井氏 次重

同
よし此鮓岩をおもしにて鮓の石やとも今よくつねあてし　同今井下村氏 玄可

同
むかし誰かつる釣瓶うらみてよしの鮓とすしとなりけん　吉野山井氏 秀可

桜本并桜丸尤

同
世の中は是を翁にまいつるぬめの実をもとめや桜丸にて　和州上市井上氏 延秀

桜本はいふ翁の花の咲まゝに

みよしのや花のかすみは桜丸た　大坂住 重安

まひく絵やしるしの枚丸た　和州岡本氏　是望

かとおこさやそひよし花と枚丸さ　同土佐岡本氏　正行

山ぶき

弁当（べんたう）やひらけば花の山ぶき　江戸住　可勝

志ゆ地（ち）ぬもせよ青（あを）うさの山ぶき　和州兵庫住　正室

桜莫すまよしの山ぶき　紀州和哥山吉田氏　好清

柳

りうしはかしのてあるや太和柳（やまとやなぎ）　堺之住　顕成

松茸

松茸（まつたけ）のあちら嵯峨（さが）ちうれいか　堺池嶋氏　成之

松茸もとたちふやとけきやし物　勢州山田宇治口　吟哲

今乃鳥居（とりゐ）より見あかし新二王門（にわうもん）見ゑ二王乃御

ふけ也丈八尺遠慶淮慶の雨　作なり
さらくさ花道てそ高くら山桜　京　貞室
大坂河内氏　本茂

和哥

二まつの花に一花のひとつ唐あらんの文字とこやかな
山城山科清水氏　貞察

莟こともしらく花やあらんの二まつ
同今井森邑氏　顕貞

落花やいともしろ二まつらうきさ
同邑生住　善行

花軍ともしろや文武二まつ門
同俵本住　行好

花ちり花大さら魚さとめ二季
同高田住　似柳

花とこそ大口わくや二まつ
同今井家長氏　立本

花いくさ家々かくさめの二まつ

薬王堂

○さて蔵王堂は南向にむかへは十二間の廻廊大塔金
堂塔の伽藍たちならびしを武蔵守師直つよ
くも火をかけて刹那がうちに焼うしなひしも
其蔵王権現は金剛不壊の身にましませし御像の
うちはさらにもおはしましてれいしょうあれは人皆あやしみ
きらびやかに九間四面なる殿を立て権現を
うつしまゐらせしよりいよいよ神力あらはれて法幢の道
俗あまねく帰依のこゝろをいたしてとり
にぎはひよしのの神の感応をひさしく御願
宝殿の御内陣は弐丈六尺へだて岩地窟あり

むかしハ小丈四尺千手観音右ハ弐丈計大弥
勒菩薩の尊像なりといふ又開山役の
優婆塞ハ二十余歳の比をうさとミげるか
きさ由也ふをひさうの眼に安置せり諏ゆ
容乱をりはりせまのこともうり柳役の行
者としハ和州茅原の郷に降誕ありし
父ハ高賀茂氏間賀介麿呂といひ母ハ
白専渡都岐麿呂と申せしとかや母夢
中に天より金杵ふりきたりて口の中へ入と
いると見て懐胎し男子をうみたまふか

かゝる也余の人みことのりをきゝ給ふ偈言云

我本立誓願　一切衆生於　我等与無異
如我昔所願　今者已満足　化一切衆生
皆令入仏道

此文をとなへてまねきかへりひのみこと御
を彼の小角と号し七歳の春よりまぼろし
金剛山みのゆる法基菩薩と礼し九歳の
はるゝを菩提と結び肩にうけ松の葉と合
うして其の仏道をもとめ十六歳にはやくも捺
列其両にのかり讃窟にいりて龍樹菩薩よ

あひ給ひ秘密両部の大灌頂を相承し三
十余歳にして初て葛城山熊野山を經
て大峯山にとふらひけるのちしのひよりしめと熊
野の奥の院ちかくなる所に若一の窟にいたりたま
へに七生おほよそ此峯にて修行しておもひし
三生に及ぶ乃髑髏あり谷の底ふかく見へしと
にきりたまへる獨古をとりあふのきにあれしとおもひ
給ひておそれをなしてあやしみて御なにものなりやとおとろき
へ給へは夢中に告ていはく我三生前の
者なりとて般若心経を誦しかの骸をとらせ

とゝし母のひて髪さめぬゝ忘春持さ母へ
みてそらへのごとく祈(いの)りしめして手をひく
さて剣をとりひとけ此窟(げ)におさめふめしめ
剣(けん)の窟(げ)宮ゐらく又行者三十八歳の八月十
九日大峯(おほみね)涌出(ゆじゆつ)の窟にて吉野山能化(のうけ)の
尊(そん)を祈りしめすへきて太釈迦(しやか)の現(げん)のすか付
も若のさゆらく此ちと極悪(ごくあく)の衆生(しゆじやう)をわすれ
柔和(にうわ)の御姿(すがた)にては済度(さいど)をたゝしとゝかさねて
廻向(ゑかう)ありしかへて千手(せんじゆ)観音出現(くわんおんしゆつげん)ある山御
姿(すがた)もて悪世(あくせ)の化度(けど)はなりがたしといふよく

祈(いの)りをこらし玉ふ三度におよふ時に弥勒菩(みろくぼ)薩(さつ)のあらハれたまふ行者いつハりうけてらひ弥勒は降魔(ごうま)の神(ちん)と現(げん)し給へといふて観(くわん)法(ほう)をこらし給ふや宣化(せんくわ)天皇(てんわう)三年戊午(つちのえむま)に大地(だいぢ)震動(しんどう)し虚空(こくう)より数万(すまん)の声(こゑ)ありて青黒(せいこく)忿怒(ふんど)のすかたにていてたまふに三鈷(さんこ)をもち左の手(て)に独鈷(とつこ)をもちて虚空(こくう)をさし右の足は大盤(ばん)をふまへひたりの足をもちあけて金剛不壊(こんがうふゑ)のすかたにて権現涌出(ゆしゆつ)し給ひ即文(すなハちもん)をとなへて曰(のたまはく)

昔在霊鷲山　説妙法花經
今於金峯山　示現蔵王身
釈迦千手弥勒の三尊は小角にたちたまひま
しく擁護として八大童子法喜菩薩は南
方よりあらはれてつきに済度とげやうし給ふ時
行者は歓喜の餘とふてことに出現の尊像を大
峯山上に安置志まふ秘佛の御ことなりし
ゆへ一刀三礼に蔵王の像を彫り安禅寺あり
すへ諸人にをかせつすへくとし女人禁制なりし
ゆへ行基菩薩神託として蔵王の像をつく

らせ給ひけるとて安鎮法を修し武運長久
又穀断の御神なれハ万民こゝろをかけぬ
いはし一殺は此山にある事とて人ハ皆億劫の
罪を消給ふとなん
○本堂のうしろの方に弘法の御作の不動あり
○天仙より西本桜あり此西本桜の北中院に
野山の曼茶羅と号し一切経を納め
の上西本桜のうしろに石とて實石ある西の方
て職徳天神のやしろあり又日蔵上人の
森にて光をはなちけるとひとつ大塔の宮の陣

堂千躰地蔵堂の東乃方に緑蓑觀音南

小金剛力士二階乃門石居あり下に恵美

須大黒の寶殿あり

櫻花　　平城天皇

背在幽巖下　光華照四方　忽逢攀折客

含笑亘三陽　送氣時多少　垂陰枝短長

如何此一物　擅美九春場

大相國家康公

君か代ハ千とせの春もしる此山花みちさらへ張わたしけむ

右大臣晴季

桜ちる木の梢のかすみてよしの山とかくなるらむ

三位法印玄旨

みよしのや花の深雪とふる花をたひもあかぬまて春の夢

中納言親綱

白雲とまかひてよしの山風かとふりさく花のしら

中納言秀保

としくにそもみ残さぬみよしの花のさかりとけふのまとゐ

中納言秀俊

みよしのゝ花のさかりとしらぬ人はまたもやみのことおもひけて

中納言秀家

風吹とも花はちりけんよしの山幾ひさしくのまつのおもはねと

右近衛中将利家

花咲と心とけあふ此山さくらん春を待ひやれ

中納言雅枝

止めに(とゞめに)ゆうの袖とこそしれ山やまに花ちらへと待えて

花見堂

和州今井壽計　宗顒

狂句

十五夜のひかりも花見はちらぬとて薔薇(あさまがう)

京　貞室

みよし野は右往(うわう)左往(ざわう)の花見哉

泊瀬

和州今井吉村氏　遇龍

花咲ておどろの花見のさかり哉

和州高天山　玄亭

花のよし野も花見の後山

小村清風

花見やうつる花ともちら袂

勢州山田荒木田氏　武辰

四本桜

大丈夫(ちやうぶ)や四本桜の花の友(とも)

和州高取城下林氏　忠要

四本桜かゝりよしの鞠場(まりば)哉

百韻の花ハ吉野の縁かな　　同兵庫住　正重

のそミそや一首よりも乃桜人　　同柏原住　可正

なや負てハ花の吉天王　　和州伏見住　歴然

吉野桜ちさの雛や吉月結　　京津崎氏　友貞

玉石

玉石ハすし孫と花の光かな　　和州岡玉井氏　是望

雨露や花と風くいが野の君　　大坂　意朔

朝霧にも玉石のみてかくれ　　河州小門若氏　正明

風塵天神　　同柏原三田氏　浄久

和哥

さゝ以前のかれる桜け山にみひ出てい　風塵天神　　和州今井今西氏　宗獨

身人とふ梅のさすいや大風塵

さり世経ふ風塵や花のあまつ神　　京　野翁

下遷宮のおわり

此花の殿遷しそめてさくら御殿

吉野山吉田氏 季知

大塔

大塔や山と立花のさかん時

和州今井大内氏 宗勝

大塔の花人やいつて九つさん蔵

同所住 宗壽

筋違観音

青柳の糸ハ筋違の観世より

同輕井場氏 元信

千躰地蔵

咲そ縁ふ花や千躰の地蔵負

大坂河内氏 本茂

恵美須大黒

一夕市二にみとる花や笑ひ残嫁ハありゑびすたいこく

和州世渫本氏 正重

月よ花よ昇のぶいらくえびす哉

和州高取城下友野氏 無着

楼門

楼門よりまつ月出ぬ夕かな　和州小越知住 未清

花

八宮家生白庵 紀凡

同

国〻にありとあるての見桜の花の杉やちいく山かな　和州今井細井氏 宗利

同

とんぼうも花にゆる也衣餝ちらしにまとふのすそ見る蜻蛉　日本新林世氏 元信

同

ありやくに猶ひらくまで散る花のあとさや夕描てらん　日本尾崎氏 元継

同

よし野山花や滴の庭たらでも枝さ梢に春風そふく　大坂 行順

同

よしの山桜の夜とめ付つ花ちりける白ましあらん

独案内 巻二 十六

入忍

吉野山独案内　三

吉野山独案内巻三 目録

吉野山独案内巻三

○林堂(りんだう)はむかし蔵王城(ざうわうじやう)とて後醍醐(ごだいご)の天皇(てんわう)の御所(ごしよ)の跡(あと)なり延元(えんげん)元年(ぐわんねん)十二月より潜(ひそか)に御幸(ごかう)ありて世話に楠正行(くすのきまさつら)守護(しゆご)し奉る光厳院(くわうごんゐん)延元二年にて暦応(りやくおう)と年号(ねんがう)かはる同年八月十六日より後醍醐(ごだいご)の天皇崩御(ほうぎよ)によつて如意輪寺(によいりんじ)に葬(さう)し奉る御廟(ごびやう)今にあり暦応(りやくおう)元年十月三日に天皇第七の皇子(わうじ)義良公を後村上天皇(ごむらかみてんわう)とあがめ奉れ暦応(りやくおう)二年十二月に吉野にて興国(こうこく)と年号かはる南朝の年号康永(かうえい)二年に又よし野にて正平(しやうへい)とかへさる也

給ふ後醍醐の天皇崩御より八年をへて又正平
と建徳と改元ありて建徳を文中とかはり文中
を天授とかはり又天授を弘和とあらたむ
明徳三年九月の比京と吉野と御中なほりて
らせたまひて後村上天皇嵯峨の大覚寺へつきし
給ふ後醍醐天皇延元二年より五十六年め
吉野にて御位をたもち給ふなり

後醍醐天皇御製

ここにても雲井の桜咲にけりたゞかりそめの宿とおもふに
とよませ給へる天皇の勅なれはまたさらに給ふ今勝る所以なり世にしる

実城寺

勢刕山田中島氏　友巳

寂城寺

澄ぬるや其寂城寺庭の月

○かの寺ハ一町寄進稲荷の明神あり同所石垣のうち今熊野ハ山と駄天山といふ赤げ跡らの月ハ松らしあり東の方と鶴原といふ天神のやしろあり町の北に講堂の庭あり

讃人　知

続寂城寺

よしなし山雲立出るかなを鶴の原いはつるつゆらん

いなり明神
吉野

桜守

稲荷

いかにしてわかちさへ汲み花に雨や三ぐらこんこん　和州今井今西氏 毎雄

花や実もはがくしのつるまへ　和州郡山安藤氏 正沢

今熊野

花咲ぬの山にまさるや今熊野（いまくまの）　勢州山田古跡 伊人

月の梅（むめ）のうけもわかや今熊野　和州柳本妹尾氏 似水

駄天山

足まやにめぐる西花こそやだてん（日みる）　大坂北蹄氏 宗寿

桜守

鈴原

花ちるもみんなとふ吉野か鈴の（わさ）代をしれをも　大坂 松緑

花まとし（とそ）鈴の音やきいてこそ　大坂 玖也

花さく酔（ゑひ）ふるあしこのまゝや二月宵（よひ）　和州今井今西氏 宗立

子と持つ雉子や鶴の腹のうち　同不明氏　無離

〇町より三町あまりに吉水院の城とて古跡あり文治元年十一月十七日源義経摂津国大物の浦より風波の難をのがれ爰に入潜しける寺へいり給ふに吉野の衆徒心かはりて反忠ひ此中院谷といふ所に御身をかくし給ふ法師武者を跡と志たへハふせき矢のため佐藤忠信と此山にて別し人静と来りのまゝに捨遠く多武峯を経て南院のうら藤室十字坊へ入給ふとなり

御庭にことふりたる松あるを立石に弁慶
らかうためしにとさしこそ釘あまたあるを
西のかたに聖天山とて古跡あり
後醍醐天皇此院へ行幸ある座敷の床を
御枕とおかれしたゞしく此庭に移よせけるに名
の川ありけるに写しおかれし

御製

花の跡てよしや吉野しれし桃の木の石なる

太閤秀吉公も此石の振舞ならされしなる

よしみゐん

吉水院

鏡つらしいさゝか絶うし郷うし氏松の声勝ちて親と抬て
和州今井今西氏 宗獨

うしろいたい花りやうりて乱付かん
同和大内氏 宗勝

○吉水院より町へ西南へ一町ばかり谷に筒井とて
弘法大師加持すふ名水あり周る和は燈籠
の辻あり右の方に又鹿ちる桜木とて蘭山
に是蔵大寂峰修行のちあり東に弁才天の
うしろ右の後に佐抛明神の社あり

大納言雅章

[illegible]

筒井

ち〻井筒しゐく〻へこも妹背(いもせ)鳥(とり)　勢州山田石跡　伊人

洞(どう)明(みやう)か筒井に月の影法(がう)師(し)　日本荒木田氏　武辰

燈籠辻

月影やまつら燈籠(とうろう)の辻(つじ)とう　和州柳本妹尾氏　保直

桜本

ゆき(ゆきされ)〻てこのしたにや桜りと　日高取城下　留松

酒し酔て箸山(せ山)崎(めづ)さうかと　京海老氏　政吉

弁才天

今朝(けさ)いら人弁才天の福(ふく)徳(とく)草(さう)　勢州山田清水氏　如元重

弁才天の山乃宝(たから)気(き)かくさ薮(とひ)　和州戒重小松氏　成佛

依拠明神

吉野山万代紙　政清

花も吹風とさゐくさの神慮めぐらす

〇町より右に勝手明神の宝殿あり大宮若宮二社あり幣殿拝殿楼門あり此神前にて静も法楽の舞をまひし装束并に笈経の縵宝蔵にあり社より右に御影山ひさ門に袖振山あり天武天皇勝手の神前にて白鳳八年八月十五夜月の隈なきに御琴を弾じさせ給ふに天女あまくだりて羽衣の袖かへさひるがへして

乙女子がをとめさびすもから玉を袂にまきて乙女さびすも

とゐんことひしけん袖振山といひ天女(てんによ)のうけ綾も

しゆへ此新山といふ又聲(こゑ)の舞(まひ)といふも此

時よりをとゝしまゐら

従加賀吉野宮　大伴王

欲尋張騫跡　幸逐河源風　朝雲指南北　夕霧正西東　嶺峻絲響急　谿曠竹鳴融　将歌造化趣　握素愧不工

同　高向諸足

在昔釣魚士　方今留鳳公　弾琴与仙戯　投江将神通　招歌波寒渚　霞景飄秋風

誰カ謂フ姑射ノ嶺　駐テ蹕ヲ望ム仙宮

人丸

拾遺
乙女子か袖振山のみつかきの久しき代ゟおもひそめてき

家隆

続後撰
乙女子か袖振山の玉かつら乱てなひく秋の白露

定家卿

新後撰
いく千代そ袖振山のみつかきとおよはぬ池にすめる月かけ

後京極摂政太政大臣

新続古今
花の色をかさしにさしし乙女子か袖振山の春の曙

大相国家康公

よしとかの花のみさかりの山しろくもすめる神垣

そでふる山
勝手大明神
佐抛明神

相寄

勝手

さんせんとも函なくなまさきさて碁は勝手なれやます　紹巴

花ちりこての勝手の下（…）　大坂　珍也

ミよしのゝつくや花の軍神　播州姫路　政次

やふさめや押て勝手の神祭　紀州山田荒木田氏　武珍

ちりし神といへん勝手の相撲　高野山伴氏　清秀

袖振山

もちふ袖振山や花のえん　和州今井今西氏　正秀

ちるやもつもるやちる袖振山ゝ陰　和州柏原住　可正

詣とめて袖ふる山の花見哉　同今井中沢氏　三有

御影山

山の名のミかけとてわくもる月の影　和州今井今井氏　勝重

○猶それより東に塔尾山(たうびさん)如意輪寺(によいりんじ)とて日蔵上人(にちざうしやうにん)開基(かいき)の寺ありといふ浄土宗にあらため寺の本尊は安阿弥(あんあみ)の作(さく)として如意輪観音(によいりんくわんおん)あり御厨子(づし)のうしろに[illegible]安阿弥(あんあみ)の作にて長(たけ)三尺の蔵王あり恵心(ゑしん)の作の阿弥陀(あみだ)は脇(わき)の仏壇(ぶつだん)にありまた御(み)厨子(づし)の戸(と)ひらは吉野山より熊野(くまの)迄の曼荼羅(まんだら)の絵(ゑ)あり後醍醐(ごだいご)天皇(てんわう)勅筆(ちよくひつ)にて

嵜嶇月前為二數主一　金峯嵐底現二蔵王一

斑荊禅容安居砌　緇素群参蒲願望

慈風扇境四流渇ス　惑霧晴レ心ニ六度差フ

碧樹集雲飛鷲嶺　黄金敷地聳龍華
風月澄心文道祖　火雷宥忿法陀尊
月蔵聖感瑞夢處　太政天為敷海繁
両山嶮峻古仙跡　四海舩浮権化神
行積僧祇蓋末世　賦政鬼類縛其身

はべるとあそばされ今にあるよし天皇乃御手ふれ給ふ硯紙筆などとゝのへ給ひてよしなきをとむらひたまふしろ乃山に天皇の御廟おはし楠正行の廟へまうり源とありしうら花は人にさへいとなみもとをしまうてりぶさへとさき仏殿よおほけ涅槃

楠帯刀正行同正時同将監和田新發意同舎弟新兵衛同紀六左衛門子息二人野田四良子息二人西河子息関地良圓

各留半座乗花臺　待我閻浮同行人

さきたてかとゆる人と終やせんひとかうすれとめて

願以此功徳平等施一切同發菩提心往生安樂國

と正行自筆に書之、其後又一首乃落書とせり

四天楠正行

かへらしとかねて思へは梓弓なき数にいる名をそとゝむる

此うたのさし所今に傳てこれあり

天皇此廟へ詣て粟田口本堂銅臼
極とりは苔の下にしみ〳〵此叡山をなれやのしん
天皇遂勅の為に束帯の此かしらを見今寺
の座像をうつくしくせをひけるかもへ入まし
事也同御影上人はもして延喜の御門と御帰
のため一万本の卒都婆を刻数千の僧をあ
つめ十万部法華経を読誦志のふ時から
し三千仏の曼荼羅并よ人けるひし
二十五條の袈裟当ちふ之

いさこ河の花も宰して塔尾山　勢州山田古市　伊人

如意輪寺

如意りんと夕の月か光る　勢州上市本多氏　能宗

御廟

御廟やほごふごてと[illegible]　勢州山田住　念胡

○如意輪寺より町へ出又町より行ハ竹林院とて右あるいへは庵は寺乃住僧大名にてゆるされし指弓とて一寸三分の弓あり武法師と號に大弓と云弓せ一尺五寸八條殿の光山其花流らんしけるに

大弓

さくら狩よし野ゝ花の木のもとに詠いさする歌人かな
安所也し

みよしのゝ山に住てふ人とてや言葉も花と咲匂ふらん

と詠しさせ給ふ御短冊あり

和州柳本妹尾氏
保直

巣立しもちいさき下さらちてもん竹林院の鶯の子ハ

勢州山田宇治
吟哲

賢と名にくさる竹の林かれ

和州岡田本氏
正次

末葉まで志をし其生れ竹林院

同柳本妹尾氏
紋水

けんとせんに継名しらん竹林院

入忍

吉野山独案内　四

吉野山独案内巻四目録

[illegible]定椿山寺（つまさだちんせんじ）　天王橋（てんわうばし）　大梵天王（たいぼんてんわう）

猿引坂（さるひきさか）　鹿尾（ろくのを）　布引桜（ぬのひきのさくら）

雨師[illegible]遊[illegible]為　大物軍　滝桜（たきさくら）

雲井桜（くもゐのさくら）　中院谷（ちゆうゐんだに）　龍返（りうへい）

花矢倉（はなやぐら）　薗尾（そのを）　世尊寺（せそんじ）

鷹尾（たかのを）　人丸塚（ひとまるつか）　子守明神（こもりみやうじん）

廻地蔵（まはりぢざう）　城橋（じやうのはし）　高算上人窟（かうさんしやうにんたく）

牛頭天王

遠音谷

桜谷

琴堂

毛抜塔

城山

岩倉谷

鎧懸松

杉洞

隠[illegible]山

多賀城付[illegible]

大杉叢

青[illegible]鳥居 付[illegible]

金精大明神

吉野山独案内巻四

椿花山寺は日蔵上人の古跡なり日蔵十二歳
の時当山にて髪をそり道賢と法名をつき
東寺にて真言の密教をきはめ又は和よく
ならひてたえまなくあひて又五穀をとゞめ世路にはなれ
木食上人とよはるゝ後修行の岩屋に七日こもり
ならひて無言の行に断食の法をおこなひぬへは延喜
十六年八月朔日午の刻に右かきひて息を
ましはれども其のまゝおとろへて日乃ちかか
ついてまいりしゆへ死骸をそのまゝおかれとされたけれ

めふ蘇生してふたその身に日蔵と蔵王の御前
よみかへり迷途のありさまを語りきかせありし
ことさら時地獄におちしものゝ延喜の御門と
御約束ありしとて蔵王そのおなじ威徳天神
の眼法は日蔵蘇生の後延長立志給ひ我朝に
神社のえしやくらかの文日蔵といひしなは迷途にて
蔵王権現の金札に八字の文と書付給ひ
しるも日蔵上人といふそれなる後金札に

日蔵九々　年月王護

と書付ありけり

椿苔

菜しえい沖ゆく名さへ椿苔　勢州山田早洽 吟哲

行あかれ苔や椿乃沖てら　日向荒木田氏 武珍

庭ふりさき苔や椿のあふつか　和州越部住 忠良

鳥あしも踏入てらん椿苔　高野山鴫田氏 山入

椿山ち

花の絵や風よちもちんらん仝　勢州山田古跡

咲花し二階つくらや椿ち　和州高取蜂須賀氏 伊人

それい何船見てて花の亭ち　日向久保氏 豹筆

雲説

道乃行に天皇の橋ありてたもとに大梵天皇の文ありひとりもれなさと様ほさ崎とひふすらしい

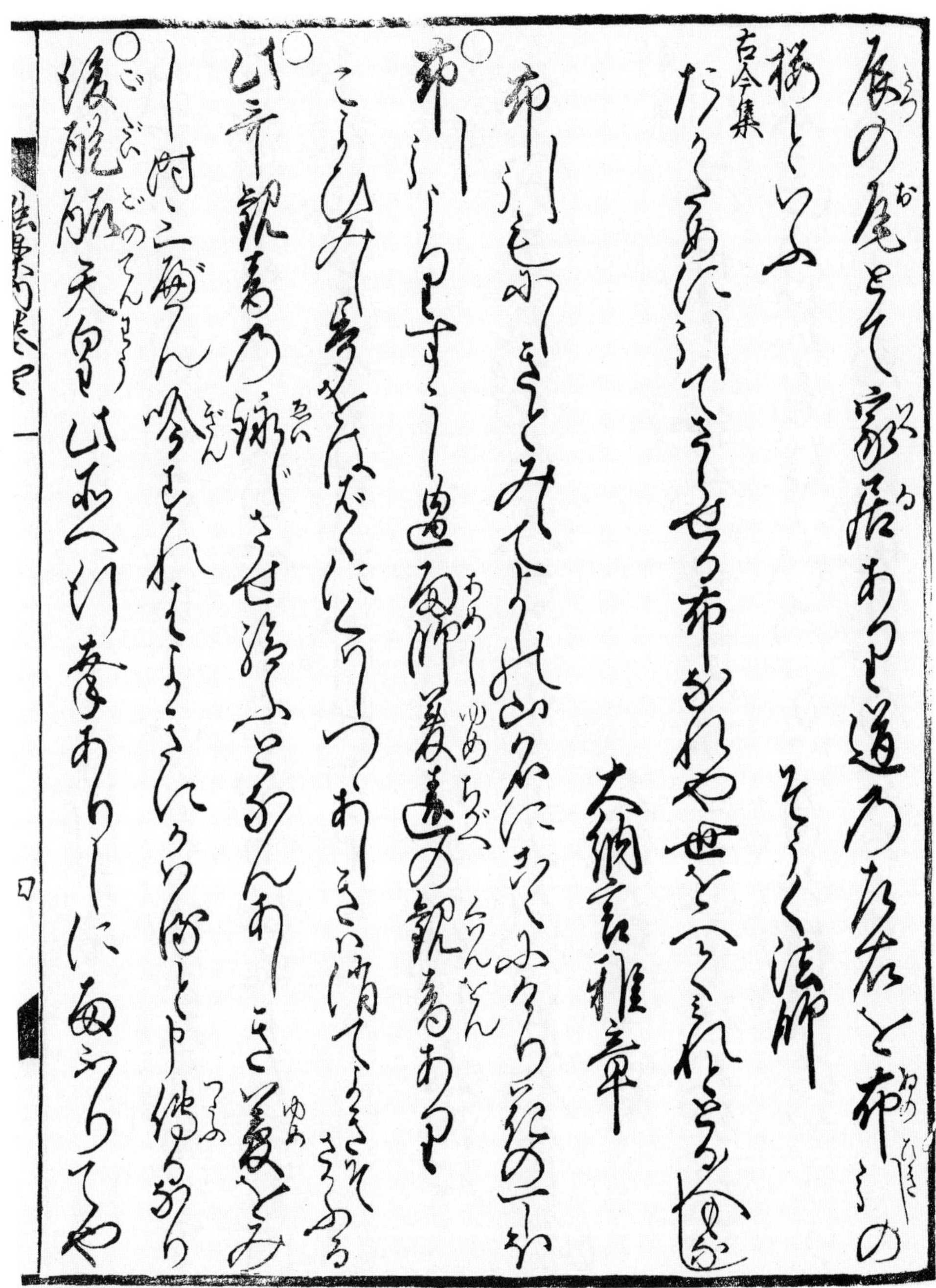

奥さりしもれても

御製

○此里ハ丹生の川上ほとちかしいのらハ晴よ五月雨の空

こ流させたまへるもあやうしとあり此所より一里川下にて丹生大明神の御社あり

続集

杣人のとらぬ真木さへおちこちの丹生の河瀬の五月雨の比

後鳥羽院宮内卿

新千載

川上の丹生の杣人心せよみりさまて積ぬかつひと

大納言師賢

○爰迄乃観音むかひの方に白山権現のやしろありすこし西に大将軍の社あり

天皇乃橋志うひて志けり紙さしきれて

天皇の橋ひひてら花さかし　和州今井上田氏 長政

下やる月天皇のこれ花の波　日和 道信

大梵天皇

手向るや梵天皇り大和凡　勢州山田古跡 伊人

和州今井森世 顕真

猿し坂

狙寺

よし此梢猿ゝし坂乃名作をも離二ゐんとそ　日和今西氏正蔵 宗獨

花そこ猿ゝし坂の付ふぐや　和州柳本妹尾氏 保直

笠にきよ猿ゝし坂の梅の花　日和原田氏 保直

断腸いさる猿ゝし坂乃落紅　勢州山田古跡 徒止子

さけびつれよ猿ゝし坂の郭公　伊人

風のまゝひ猿ゝし坂の木葉かな　和州色生任 善行

猿しう坂のわかれを花やよしの山　吉野山善福寺　正鉄

目よしみよさくらし坂の花さかり　河州津村前田氏　正香

春尾　大坂野間氏　行安

狂哥
花桜雪とふてそのおれを春ハ尾にいひ付てくるとぞおもふ　和州今井今西氏　宗獨

同

狂哥
て此条の道にそのなハ春の尾の花といへさましきかな　同今井安田氏　道伯

春の尾の月ふるひ捨し花の毎　同奈良久保氏　雲説

春の尾ハ巳（こ）の時（とき）と花のさかりかな　同和

一天（てん）よくなハ春の尾のさくらかな　和州石見住　宗壽

咲友いまえことの気の花ぞかな　信昌

布し桜

みる人ハ布ゝ（ぬのびき）しかれや花の瀧　摂州天王寺　道寸

さてしも機をひろげさ布(ぬのひさ)に桜かな　京津崎氏 友之

らう人も幕(まく)の布しきさくらかな　勢州山田荒木田氏 武珍

布引の花のおりやさらさらし　和州大沈加苗氏 親則

布引や花にさしの羽(きやうぐんく)有　同柳本味尾氏 同

布引の桜紅葉(もみぢ)やあらひ染(ぞめ)　同俵本住 保之

布引の桜はとりかきさらけかな　同柏泉住 守久

布引のさらし(わき)山のうらじ(ござ)かな　大坂住 可正

布引や網もしろくに桜見　京下村氏 東学

布引の桜や咲しまでさらし　和州今井今西氏 康吉

布引の桜のまくや白(しろ)ふぢ　宗独

茶(ちや)巾(きん)かと洗(ぬれ)ふ布引桜かな　伊州上野住 野也

西卿 多遠観書

釈教

夢違ある観音ならひ以木槿にさくや咲らん　　和州今井今西氏　毎雄

こゝのめ花に嵐の夢違　　同今井式部　宗定

神尊やさ月雨師のかむさひ　　同西今西正蔵　宗獨

生こさ花に祈人雨師の観世音　　同西森世氏　顕良

大将軍

花ゝ風も大将軍のとかめかな　　和州高取野沢氏　方好

○大将軍ふるとも三らの花に瀧桜かな　　贈従三位為子

新之義

春くれて雪もえて消て今日出羽山の向糸　　議同三同資

新續古今
よしの山滝の白糸くりかへしみてもあかぬ花のさかりか
蓮胤鴨長明

よしの川滝(たき口)瀬落て波岩越て流るゝ水は桜なりけり
大納言雅章

いつかたも水も落くる滝桜花の波立みよしのゝ山
雲井(くもの)乃桜とそ見る根にたえて
後鳥羽院御製歌

千載集
よしの山雲井にいゆる滝乃糸のたえぬや花のさかりなるらん
兵部卿成家

新千載
ちる花の雲井の花の梢にもよしのは春の関はすゑやくるさん

権大納言通資

隠るゝ雲井の花にみちぬれ山とさかりしるてらし

大納言雅章

九重さへなをひやられてなかなかの雲井に花みられけ云

○大将軍よりもおくるゝに追従ありあのうさと中院

殿といひてしうへなるやうけにし横川の覚範

佐藤忠信にうたれし謙秀といふ君わざとを

こゝは忠信云也さ矢射る花やかなりといふ

あらく逢坂ちく庶乃尾といふあり

雲井桜
ちのと
おのへの桜

狂句

瀧桜

こよしれぬと奇雅にあへてし白向かこゝの瀧桜や　大坂　行安

瀧桜ゐんしそあかれてこゝ登　和州今井森世氏　元信

時じやちるのかし瀧桜　日野下村氏　玄可

花の波さぬ見もかし瀧桜　日野　利直

見い人のこゝのかゝたら瀧桜　和州高取中谷氏　貞長

書乃目に角ふい綱雅や瀧桜　中世関木氏　正重

ミて山す画あい許由か瀧桜　大坂住　重栄

あさ波とかにしそこそれ瀧桜　和州池田住　一丸

一ちんにもしらぬ那知よ瀧桜　日下市朝来森氏　昌軒

風よ火花不動のごゑや瀧桜　吉野山池平氏　定勝

瀧桜落ても波やくゝり花　常州真壁一砂氏　吉武

瀧桜さくらハ水の出花かな　　和州吉野住 大進

あらためん淵に紅葉や瀧桜　　同大和小川氏 草屋

雲井桜　　河州臺井住 唯心

あとのけハ雲井の桜ちらしけハ雲ゐとつらくさくら　　勢州山田古跡 伊人

帰るさハまとふハ雲井桜かな　　日永白木氏 満通

うれしハ雲井の桜咲けり又　　同中田氏 友巳

詠もいはしたれ雲井の花盛　　和州葛城名崎氏 宜時

是天国を隠く雲井の桜かな　　津守氏 往成

こゝあけぼの瀬ハ雲井の桜かな　　山城伏見住 友世

短冊とかけま雲井の桜かな　　和州今井木枝氏 元信

雲井桜天しもけと咲よう

中院台

月にけりや三五夜中浣の花月　勢州山田古跡　伊人

名にめでて何しに花や三五中浣　和州上市井上氏　重定

ころもやちるちるめん花のすゝめ哉　吉野山稲荷　光山

龍田

春の海やせゝりて縮緬の龍田　勢州山田荒木田氏　武辰

霞の目や花の波目の龍田　和州今井上田氏　長政

山や花の雨代てらん龍田　同寺田住　松独

映す鏡や雲かゝる花て龍田　同今井今西氏　舟雄

河州柏原三田氏　浄久

花矢倉

名所として人かよふ吉野の花矢倉にて弓張の月　勢州山田荒木田氏　武珍

山元代さぬとやいつん花矢倉

ふふめすいふ中りし雨花矢倉　和州俵本　同沢野氏

短冊や雲の旅立花見客　和州今井中沢氏 三有

まつさきにけむてみよ花見客　吉野山福井氏 首信

ふところし鳥わんとあめの花見客　和州下田住 葦葉

あまり落は水鉄炮の花見客　高野山伴氏 清秀

花見客とゝは風の手摺　和州寺田住 松枝

月しらて花には酒さし花見客　同和久保氏 雲説

落て又菊武者やおる花見客　同五条住 流香

たつ鬚のためにぬるそ花見客　大坂住 玖也

けてらん酒の中さし花見客　和州今井下村氏 玄可

麈尾

麈の尾は花のこゝろえの目貫や　和州下市朝妻奈氏 昌軒

虎の尾にはよしての象の梯や　同和久保氏 雲説

まての尾の花のちるかや咒文珠(ちくぶじゆ)
同今井中次氏 三首

なんと咲しまての尾の桜かな
吉野山平升氏 義房

まさ月ふしぬめのまつれ尾の紅葉
同俵本住 行好

まての尾ハ草にいつれぬけしきかな
多武峯福氏 宗貫

槇(まき)の尾(お)の坂(さか)のうへに世尊(せそん)寺伽藍(がらん)あり縁(えん)起(しゆ)によれハそもそも御寺ハ欽明天皇(きんめいてんわう)十三年五月朔日に河内(かはち)和泉(いづみ)のさかひなるひとひら嶺あありそのこしたいろいろにてらしける時の人あやしみて見と叡(えい)志もれて勅使(ちよくし)を立させしめ給ふに大岩(おほいは)る楠(くすのき)の朽木(くちき)あり其のひかり日輪(にちりん)のごとし其にて

百済国乃仏師に命じ釈迦の像をつくらせ給ひ世尊寺に安置し給ふ我朝仏像のはじめ也又最澄作仏とて又ひらき給ふ仏也放光仏とて中尊なり釈迦の左右に阿難迦葉あり御影あり又同じ朽木の洞に役乃行者の像あり

山寺鐘　　滋野貞主

行虬屡寫ス汗樓ノ静ナルヲ　一道聞來初夜ノ鐘

請識ル山僧巖水ノ漱クヲ　焚キ香ヲ合テ掌ヲ拝ス尊容ニ

長嘯

よしの山なをそてつむる根より桜にはてなりぬる一しお

○此所ハ天竺霊鷲山乃うつしにて霊地にて山乃たゞきに鷲尾の滝とてあり又鐘乃銘に保延五年庚申十二月三日平朝臣忠盛と書付在之

後京極摂政太政大臣

新後撰

わしの御法乃場にちる花を吉野の谷の嵐にみる

○わしの尾のたかねに人丸塚あり竹木しげき中にみねのたかね山にて人丸よしの花を見て雲とよめる歌ひしとなるを

定家卿

続後撰

桜花咲にし日より吉野山空もひとつにかゝる白雲

新後撰　　　　　　　　　　　　　　　　　西行法師

よしの山人に心をつけかほに花よりさきにかゝる白雲

風雅集　　　　　　　　　　　　　　　　　家隆

行末ハ花かそれともよしの山誰白雲とまよふらん

金葉集　　　　　　　　　　　　　　　　　藤原忠隆

よしの山峯にたなびく白雲とみゆるハ花の梢なりけり

行きそむるもろこしまてもいかなれと

思ひいりくる人の庵さへしらぬへしとて

てやしぬすまゐ

雲にあふて吉野見かへる花盛　　　　京　貞室

人丸つか
世尊寺

世尊寺

世尊のこれゆきとみるや花盛(さかり)　勢州山田白米氏 満通

世尊るや今もこゝせうの法の花　長谷本願院 定卜

二月十六日に詣て

きのふ孫るんけふハ十六らんか　吉野山青木氏 正古

衣着せて

風をとがつる花に衣着の札とかな　和州高取中谷氏 随楽軒

着さ田や雛もちらしれ衣着せ　同今井今西氏 正光

人丸塚　大坂吉田氏 一寸

狂歌
うろこて花紙雲となみはて吉野にあらつ人丸の塚　和州今井今西氏 宗櫃

狂歌
掃のなかにぞ入れる小刀もけりぬ人丸のつかとそこれ

人丸のつく海わりや花のうけ　京山岡氏　元隣

吊乃桂にまさるや人丸の塚の花　和州高取福嶋氏　回東軒

花ちりかゝる人丸塚やかりんのかの　永田氏　山親

人丸のつみのまゝや世の花さかり　勢州山田中野氏　成佑

あさきらい人丸塚乃まつさかへ　紀州和歌山木村氏　株孫

鷲尾山

まつの尾のたかや海も霧むさかへ　和州高取在京氏　任世子

花に吊やまつのあやまれ名をおしき　同岡関本氏　正次

世の花をけとせめてちれ尾山かな　吉野山佛師　湛衍

つゞきつゝ春乃花さやまつの山　同細井氏　次重

花ちるやまつの尾山の花見哉　同三輪住　春晶

柳髪やいかれぬまつれおもかげ　和州高取住　言當都

八王子より二町計過て明神三社乃宮殿
幣殿拝殿楼門あり むかし拝殿乃寄仙ハ宝前
河の篭みちしと覚し人皆以信心再拝せし
御社なりしとの寄仙乃絵ハ狩野永徳哥ハ右
聖光院殿の御筆なりと 明神ハ当山よりの
子あまくりしせるふ三十六ちんめハ地蔵菩薩
乃化現なり此厨子にいりせ給ひてむかしより
今にいたるまで吉野家を之に一日つ追善に
てもりしせらる西く寺乃珍物をそなへまつるよ
しかの山庵より地蔵乃苑也

遊吉野宮　中臣人足

仁山狎鳳閣　智水啓龍楼　花鳥堪沉翫
何人不淹留

従駕吉野宮　吉田宜

神居深亦静　勝地寂復幽　雲巻三舟谿
霞開八石洲　葉黄初送夏　桂白早迎秋
今日夢淵々　遺響千年流

侍従正宗

大納言雅章

むかし誰みゆきの跡さしにて此神垣の花を植けん
みよしのにふるきとふれにしひらきてそこの文にも花そことある

こもり大明神

ねぶ

あつかしはねぶの花や姥桜(うばざくら)　京　梅与

短冊(たんざく)のうへにねぶや花の哥　吉野下市笹藤本氏　久屋

短冊やこれらの花にうけもちを　和州郡山住　政家

まろくと酔やねぶの花の酒　同三輪住　一栞

花にこりや花ちるとやゝし　同今井安田氏　道悦

これらてはは花さくらや筆はよし　同西大内氏　宗勝

蕣らへる中にこれらのゝやまず　江戸赤坂氏　資仲

一(ひと)ふしに縁(ちな)やこれらの神楽哉(かぐらかな)　堺池嶋氏　成之

迎地蔵

花よそてゝそくら出(まれ)り地蔵哉　天満　利家

さくらさもまつり地蔵の花見哉　和州今井忠氏

三首

よしの山まいり地蔵や花ざかり　和州俵本住 行ぬ

お地蔵に参りや花も帰り花　同下市朝貴斎氏 昌軒

花に人酒盛やまいり地蔵尊　同世関本氏 正次

花見酒に酔いまいりぬ地蔵かな　同和田氏 長房

まいらしく地蔵しらや蕗すゝき　多武峯西院 鬼子

とよりもまいり地蔵や辻のかみ　和州今井住 道信

お地蔵の手向はまいり焼香かな　同柳本原田氏 今行

月や雲まいり地蔵の影法師　摂州平野住 柳花

手向かん茶湯しまいり地蔵講　和州今井下村氏 云可

冬さむさ白き地蔵か雪ころし　同高田住 似柳

錫杖のもとや月日のまいり地蔵　摂州山田住 念心

○予もゝのおもしろすこしる縁の橋わたりたのしと

に高算上人の御影を託ありし上人ハ後白川院の御悩とか加持し奉特忽にありて御感のあまり勅命の巻物をくだされ正訓花供懺法といふことを立させられしとに毎年二月朔日より天下安全のことをいのり餅をつき法事法佛よそる人まさくだり[illegible]またひそし天台宗へ元西座正訓の坊神く祝言の御幣と路際へ五院町神人七十軒の人々西座へ出仕して
○御飯いとをさま正訓へ渡し神事をつとむすべて此牛頭天王のやしろわらひらに大塔の

宮こにもありし世をしのぶ城山あらし雨と高城たえて

しら雲といふ下から花とともに盛りの花と見え

[illegible]ぞ[illegible]服[illegible]名に吉野[illegible]

為家卿

[illegible]吉野[illegible]山に咲[illegible]

新後拾遺

みよしのゝ高城の桜咲にけりあらしもかをる嶺の白雲

前参議為定

大納言雅章

[illegible]

同

高根よりおちくる瀧の音はなをさへ花にちるらんみよしの山

○をちこちの岩よりまさる南枝岩金岩とぞ

山中花夕

雪飛樵客漸帰地　月伴隠倫独往春

雪宿洞中雖隠艶　風来渓北僅伝芳

顕輔

新勅撰

雲かかるみねの山の高根より雲さへ色そて出る月影

牛頭天王

高筭聖人を

高筭も花ふらてやお上人　和州高安大甲氏　軌孝

餅賦

花の姻とんいもひの餅賦で　和州今井横山氏　玄慶

正也やかくへにうく両餅くらり　同世関本氏　正長

よしのやちよらて里へめちくらり　同儀本住　三也

花によき歌仙くちらうみ山　高野嶋甲氏　山入

くらいは餅花のよしのか　和州久米住　流香

よしの天狗礫か餅くらり　同今井今西氏　宗独

めらくちらためふし入よらぬ　紀州平野住　家沢

をるくせんかうて付や餅くらり　紀州和哥山書田氏　以清

仏あてふやうや吉野の餅くらり　和州高市山　清風

城山

せめて花ミてかへるや遠し白山の花のさかりと　河州柏原三田氏 瀬久

雲しき下ひゑ城山の桜哉　紀州藤原氏 見周

しろ山やミ世ぬ桜乃花軍　和州高取太田氏 是計

城山の勝の桜や帯かろ嶋　日本東海林氏 世二

あらふひけおりしろふ山乃花の色　日坊城岸田氏 貞吉

城山乃桜や風のちりたとし　吉野野正室氏 守永

一番に名高れ城山子規　日本大久保氏 豪友

高城

山高き桜ろうとむ名取哉　多武峯中坊 證實

郷蹟居　和州今井今西氏 宗獨

狸井

この世の命の君にやはとへとのちくさおもひやられて

血ゝ鳴やつしの島の瀬鳥　勢州山田古跡　伊人

忠信よつよしつねよしの度　博池鴻氏　成之

遠君

こわしろふやけしと霞の君の花　和州今井安田氏　道悦

峯の花ちりて霞のたかんか　同所今西氏　宗立

雲く花く名く花くかくれ君の底　同大和関本氏　正信

古寄をとりつくしても霞の君月　同柳本姓尾氏　保慶

月やさきゆくれ君のきぬる　摂州平野住　家次

牛次天王

七夕を祝ひこめたる牛頭天王　多武峯芳紀　古榭

岩倉君

花ちりて今さら行ど岩倉君　和州今井今西氏　宗鑑

菊房とよへ岩倉のかとしきは
岩倉や花のかしきの雲の波

高野山嶋田氏が山入
天満平子
一武長

牛頭天王をまつるゆへ大杉森といへ魔所をこ
さ岩と桜岩といふ道の行手に蛇経絶乃
松ありて関ありに青葉の鳥居とてありしへ
あざくらの並木ありて此所音羽山といひてあ
秋ありすこし行て戸谷ありて右の方に杉乃洞
といふ所あり又関ありに吉野山鎮守金精大明神
の宮あり聖徳太子黒駒にめされ此所へ参拝
ありて蔵王権現の御神此峯へあまくだら

すなはちひとへに弥勒出世仏法擁護のためなり
又我祖の志欽明天皇の御宇丁巳の年長
れは天竺霊鷲山金剛崖のうしとらの角破
裂して万里の滄海をすさき遠土と吉野山に
む皆是こゝろあらんはこゝろは弥勒出世の時
あまねく閻浮提の大地となるへき為め
又志うのかんひてこゝろを守らんためには
降化志給ふゆへ金精大明神とあらはれ玉ひての
給ひとられしき　入道前大僧正覚真
千早振神のことまへの秋村にはけふして神この内田のみ

准三宮道澄

瑞垣にうゑそへたとのつくさうしてぬ手向なるらん

○一町ばかりのぼりて蹴抜塔（けぬけのたう）とて隠塔（かくれのたう）といふ塔あり義経（よしつね）蹴抜（けぬけ）給ふとやらん又しかあらばかくれ塔（たう）の山といふなり

かくれ家（が）のよしのゝ山のよふこ鳥花とみよとや世をいとふとや

讀人不知

○けぬけの塔より坂をのぼれば弁才天（べんざいてん）のやしろありすこしうへに茶屋あり

吉野山やいろはよそてあり大和維名

京 吉定

けぬけのたう
弁才天
金精大明神
ことたう

大杉谷

鼻たかふ名にあれし大杉の郡云　和州高取峰次郎氏 説賤

鐙懸松　同今井中沢氏 三首

狂歌
鐙かけの松に掛て三日月はひかりそふれ也文かゝり　同高取深氏 末直

ふみひらけの松も小桜とうしれ　同八木尾氏 重張

ふみひらけの松あけまつや岩躑躅　同高田住 似柳

卯花のふみひやうけし松の雪　南都岩井氏 友勝

松にまてふみひらけさかむる　勢州山田古跡 伊人

松の蔦やまて草ずりのふみひらけ　同南荒木田氏 武珍

ひとしれ松にかゝれる蔦杉　和州今井今西氏 毎雄

松にかゝれいろや鐙乃ふみかへ　同南今井井次氏 義益

鐙懸の松と附るや深草胴

もろひとの松の雪けりや奥之院　　和州土佐加田氏　親則

青蓋に鳥も居る　付青蓋山

子規かりて青蓋の鳥居かな　　和州柳本懸氏　山翁

松かくも秋やあかき恥青蓋山　　同郡山住　正辰

喚鐘への花紙みつめし青蓋山　　同今井中沢氏　三有

観音堂

ともされし松に観音堂の時雨かな　　同柳本津田氏　正明

観音堂の軒のつま寝ハ時雨けり　　同木曾尾氏　似水

枚岡

花紙つむ宙のうらかなや枚の岡　　和州今井今西氏　毎雄

なふこれハおすい花かや枚の岡　　同木門氏　勝重

枚の岡やとのしともの花のむかくさし　　紀州和哥山大村氏　猿孫

秋の月よちらし本蔵天狗　江刕多々か支住　利去

蹴抜塔

狂句
よしや義経がぬく人の名はけぬけれ塔に於ゝきられ　和刕今井細井氏　友和

同　日西今西氏　宗獨

狂句
よしつねの顔のつきやうはけぬきれ塔にはおかゝら　和刕罡玉井氏

同　是望

狂句
一ちや二ちやれ人とれしれれ於けぬけし塔の辺とみるりと　勢刕山田吉蹄

くもれの塔くや落乃たつらゝ　伊人

日本宇治口
たくみ鏡やけぬけの塔の軒乃月　吟哲

博住
山嶽乃けぬけの塔や秋の風　顕成

隠亡の山

つゐむまや花りくれ香れ山櫻　和刕越部　治明

二十三

入忍

吉野山独案内 五

吉野山独案内巻之五 目録

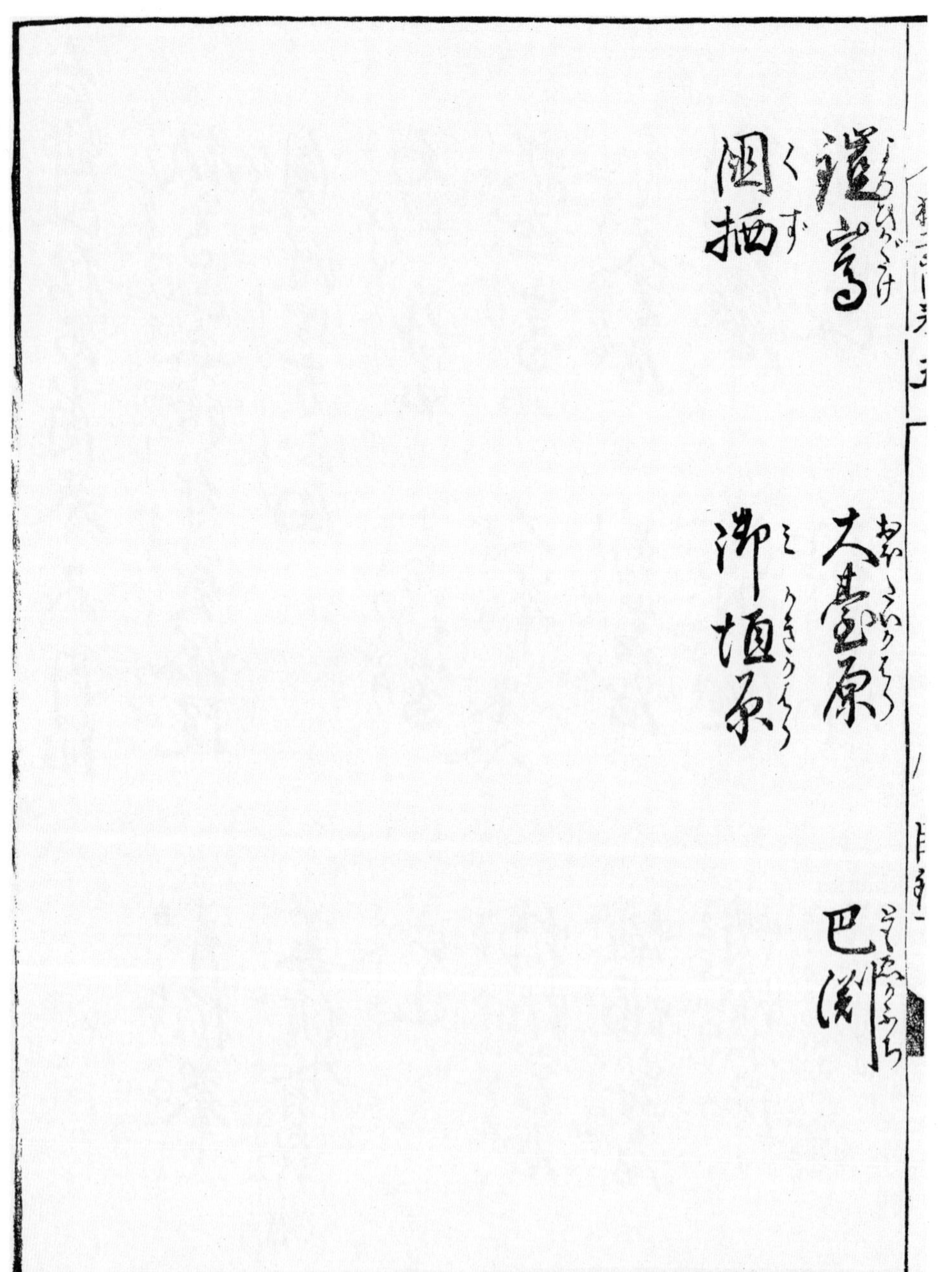

吉野山独案内巻之五

○祇園山安禅寺宝塔院とて伽藍あり本堂の方よりも多宝塔あり中には役行者栴檀の木にて一刀三礼に彫せ給ふ御長一丈の蔵王行者乃御影をまつりをさめしとかや堂の右に安置せり右の方に行者の母の像ありへかの山を青根が峯といへり

千載集　　　　　　　　　　　　顕照法師

よし野川みなかみいかにはなるらし青根を越や花の白浪

風雅集　　　　　　　　　　　　源三位頼政

よしの川岩瀬の波による花や青根が峯に消る白波

安祥寺

同寺

飯高山

花の宿りさへ旅籠も添ふる御飯高山ぞかりにへ

和州今井尾崎氏 元方

大坂吉田氏 好謌

同寺

雲にあらふかの花見かきるよ飯高山のあいにけて

饗の膳の飯高山の花さかり

うへもるさ飯高山の花見ゆ

さりやこゝやさんがうぜんの宮まで

あらしといふこゝや飯高山の花

紀州和哥山林氏 元朝

和州柳本妹尾氏 以水

同今井大内氏 宗勝

同世関本氏 正長

安禅寺

花の香は谁も待寺や安禅寺

せとすゝて杉あんぜんの花さかり

胸りすむ月のあそくや安禅寺

江戸住 從言

和州軽五嶋氏 正次

勢州山田石蹄 伊人

勢州山田古跡　伊人

寳塔院

鶯の経読しるし寳塔院　　和州新屋　知定

青根峯

つかねなる青根が谷や夜寝まで　　京中嶋氏　随流

われむかし萬乃花散しく青根が峯　　天満　宗貞

時雨初て青根しまでかをみぬ

○寳塔院と三町ばかり左へ行圓院是方二町西秘佛乃ぜきあり山の祖と二町ばかり行菩提とにかく名おはしけれど小西行唐院とむすんでしも乃池水小堂へ立て彼法師の作記す

西行法師

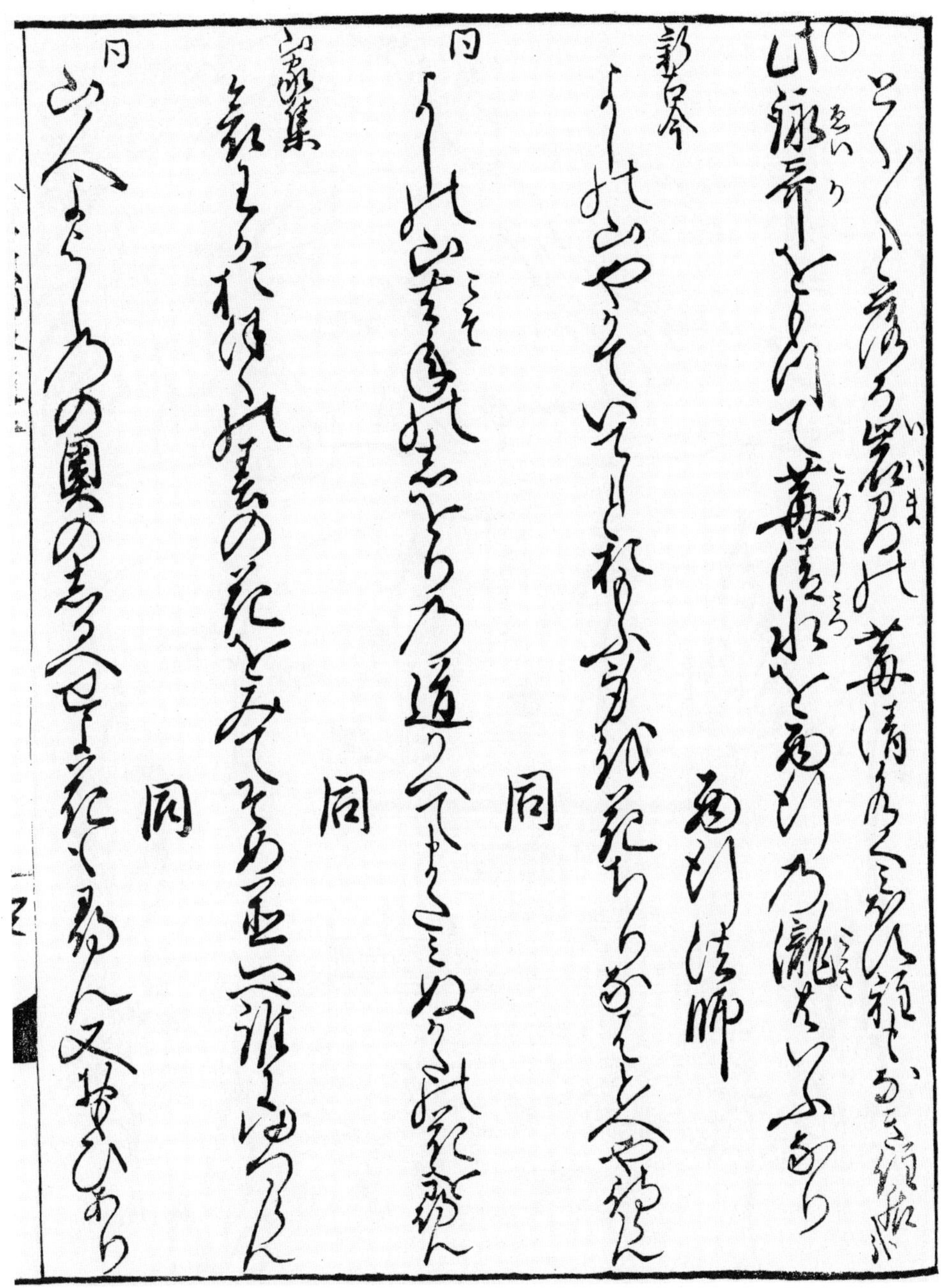

○とく／＼と落る岩間の苔清水くみほすほともなきすみかかな

此歌によりて苔清水と西行の瀧ともいふなり

西行法師

新古今

よしの山やかていてしと思ふ身を花ちりなはと人や待らん

同

同

よしの山去年のしほりの道かへてまたみぬかたの花を尋ん

同

山家集

誰もまた桜にまかふよしの山の花とみてそ峰へ越らん

同

同

山人よよしのゝ奥のしるへせよ花も尋ん又思ひあり

奥院

花見色花かや奥の院の御廟
いろはりやちらむしうの奥院

吉野山北之坊吉田氏 徳源
和州今井田中氏 玄伯

菩提
菩提や此ニ知つる花軍
菩提寺もうくやの花のきらく月
しかさ見てもせんの猿すり

津下氏 無知
和州今井宮寺 行覚
日曲川徳應寺 教可

西方正面
須弥山のうへあらとそよへきはみよりらは西方正面
堺山石井氏 童汎

同
滄海世ノ外もおろそはしにおすまれもを西方正西
うすそうとり西方正面乃花さら
大坂平野氏 行重
和州八木上田氏 勝重

としふかしで四方正面や花の君　和州上市廣橋氏　正利

木の目みる四方正面し碁盤ぶ　同土佐ヶ畠氏　親則

月気色四方正面乃弥勒かな　同下牧住叔氏　定夕

苔清水

叔奇

みよしのゝ柳のうちて今は文かへかす頼しかき清水かな　同今井今西氏　宗獨

河州柏原三田氏　淨久

叔奇

苔清水ゑそ流の上此岩とこしきこえ也吟ゑる　同

花咲ぬ前んしともけ苔清水　京木村氏　正立

むすふ手むつかしる石や苔清水　同中嶋氏　随流

ほのさし後乃白てうし苔清水　和州今井壽計　宗顕

許人乃いはやくも苔清水　勢州山田古跡　伊人

君が代ともすふやかんに苔清水　和州世関本氏　長房

ぬらしてことごとくや花の雨　和州下市秋津氏　守忠

西行庵室

花よ志たし立しゐら西行堂（さいぎやうだう）　和州新本妹尾氏　保慶

眺（やう）て出し西もりその月かな　高野山嶋田氏　山入

○安禅（あんぜんど）とてすこし行ば青根が嶽（あをねがだけ）あり山のうへ道二筋（ふたすぢ）あり ひとつハ西河（にしかう）の滝（たき）へゆく道右は山上（さんじやう）への本道なり是より山上までハ八里余あり年ことに六月一日より七月まで諸人精進（しやうじん）潔斎（けつさい）にてのぼるなり

○釈迦が嶽（しやくかだけ）一里ふもとに前鬼（ぜんぎう）と云所あるなり

役乃行者につかへし前鬼後鬼の末孫今にすめり
大峯よりも熊野迄は七十二なびきとて十二ゝ
またゞ宿あり秘所あまた有しも筆にあらはしがたし
むかし峯中に大蛇すみしを醍醐の聖宝尊
師寛平七年に退治し給ふとかや毎年七
月八日より金峯山の先達入峯し給ひ天下
安全の御祈祷あり誠に有難き山なり

金葉集

大峯にて　　僧正行尊

もろともにあはれとおもへ山桜花よりほかにしる人もなし

同　　前大僧正道昭

新拾遺 今は我くるしき老(おい)の坂(さか)こして又かへりくるすれ下る道

○峯中に蟷螂(たうらう)の岩屋(いはや)聖天(しやうでん)の岩屋菊(きく)の岩屋蝙蝠(かうもり)乃岩屋笙(しやう)のいはやなどとて三百八十余のいはやありとそ是も標示(ひやうじ)なれいまかくす所

笙の岩屋(しやうのいはや)の前にて　前大僧正覚忠

千載集 宿(やど)りする岩屋は床(とこ)の苔莚(こけむしろ)いく夜になりぬいこそねられね

同岩屋にこもりて　日蔵上人

新古今 寂寞(じやくまく)の苔の岩屋はしつけきに涙の雨はふらぬ日そなき

同岩屋にて　前大僧正良宋

新続古今 心とや又たれしらん雨露もしのかぬ岩屋乃つゝれぬ袖を

さんじやうみち
あとりゞだけ
西の道

まつ折嶺

花さくは鳥に鷲とけおとろ嶺　和州郡山本原田氏　徒止子

けしやあとらう嶺の月に鶴　同高田松田氏　不及

嶺入　同今井森田氏　元信

和句

うれしさに衣とたち入嶺ハ高らかにとをかけ峰入　同和尾崎氏　元久

和句

峰入と山の神にもや神の松をさして頼みおたん　同和森田氏　顕貞

和句

よしの山宿坊にも勝つ也き三宝のお鏡をとるらる　同和下村氏　玄可

和句

あつまりけ修験に続とみつ吉野の雲に分けけるかりの貝

峰入に吹かりの貝や山ぶし　京　来及

峯入は京も目しらぬ旅衣(たびごろも)　天満　西翁

峯入や笈追とうて肩にかけ　和州今井森田氏　顕真

峯入や若僧あつき行ひの坂　日野大門氏　宗勝

峯入して呪陀羅尼にのむや花の雨　勢州山田　赤海

峯入や山下蔭にこもりの貝　堺梅本氏　定之

桜さし頭巾仏や呪のこゑ　日池嶋氏　成之

峯入やこやいとうめぬ後鬼前鬼　河州柏原三田氏　浄久

大峯

大峯に春の先達や鶴りすゝ　京大村氏　可全

大峯や天狗でたとしの花の雨　和州今井今西氏　正忠

釈迦嶽

花の跡はさやくせんへんの釈迦嶽　京　良徳

うしれむ花や錦繍の秋也吉野　桑名樋口氏　兼頼

錦也吉野ありて花いでしら寒夕風　和州郡山　見流

月花や天上天下秋也吉野　日下田住　葦葉

秋也吉野やまもたへ萬の落花かな　塘　以尊

笙岩屋

笙乃岩屋ころのひちりき山桜　吉野下市堀内氏　閑色

花に猿のふくるきや笙の岩屋哉　吉野山宝仙坊　栄祐

吟ずるや笙の岩や乃秋の蝉　和州本上田氏　勝堂

すいしやうのいはやあらし霧の玉　天満平子　政長

蟷螂岩屋

たらちめの岩やの花やよその夏　常州真壁一物氏　吉武

蟷螂の岩やの月や猶のあり　和州今井今西氏　無礎

蝙蝠のかくれみのや虫目かね　勢州山田古跡 伊人

蝙蝠岩屋

花は雨のとんとうくる岩やかな　和州今也生住 善行

くらふりのくらは扇の要かな　勢州山田古跡 伊人

菊岩屋

石見花のたえと菊の岩屋かな　吉野山宮本氏 政重

隠逸のもとは菊の岩屋かな　和州今井喜多氏 道悦

ぞろつとするかけいかに菊の岩屋かな　日本大内氏 宗勝

とものつる岩屋の家や菊目石　吉野山花房 玉栄

○あ

吾衝山更る一里也清明の滝ある瀬ゝ

岩のおもかげみぞおちの流八十ひろあれば

とら蜻蛉(あきつ)小野(をの)とて名所なりまた蜻螟(せいめい)の殿
あるべし蜻蛉(せいれい)し蜻螟(せいめい)もおなし虫なりとの説
とあやまりて清明(せいめい)とまつるところあるや
瀧のうへなる山を琵琶山(びはさん)といふ

土御門院御製

續千載集

あきかせのをのゝ草葉の枝(えだ)しもあるかなきかに

玄嘯

をりふしやけふかとのえ枝梢(こずゑ)木の梢を風そ吹
け瀧の水なる末(すゑ)を音無川(おとなしがは)といふ二三町の
あひだ河原まで下にて水見えず出なるて川なら

狂哥 清明瀧　　　　堺岩井氏 定次

瀧の糸ハさもあらばあれ清明のよくあしとこそ思へ

同　　　　同所 顕成

狂哥 秋風にあげざんつゝもみぢ葉は清明の瀧に落る木の葉を

同　　　　大坂吉田氏 一寸

狂哥 さくらとある花を轉(てん)じて稍(こずゑ)にぞ色清明の瀧

うしろさへ清明の瀧かゝる綛(かせ)　　勢州山田古師 伊人

むしもなく声も清明の瀧の月　　京中嶋氏 随流

清明の瀧のつくやさんざ餅　　堺池嶋氏 成之

清明の瀧をとふらずり小　　同所 一寸

清明の瀧も雨あい日にしらや　　紀州和歌山大村氏 猿孫

明清明瀧色山

勢山の名にし夕月や琵琶丸山　　江州彦根住　撫房

蜻蛉小野

夕月やかけろふのさそのまなひら　　和州郡山　正辰

夕へまでもさやかけろふ代藤橘　　日野寿氏　是望

喜多川

喜門しと喜々しりせぬ水鶏かな　　日下部狄氏　多ソ

○

清明の徹も高河の瀧へ又町裡あり大瀧かな　　延寿御門松川　長

彩勤捉

代々と人々絞しとてなかふ吉野川ちらして花の流れ始

源義經朝臣

新續古今

春ハ桜咲ちる花の中に落る吉野の瀧も鳴やさふらん

○源義經吉野山より西河へ落給ひし時宿の

あるじに給りし太刀とてあり其これより家に

とも太刀屋といふ鈔尺六寸の太刀作ハ青江

名にて國次なり

○西河乃瀧のうへなる山を瀧見山といふ義經

川をへだての竹とむらひむらふの岸につきさせ給ふ

まつよろひとぬぎかふたよしさるかくる名付給ふ

西川のたき

西川瀧 大瀬大

二十は河の瀬や十はくの瀧　　日置玉井氏 宗壽 和州又ハ庄

のかゝる瀧や名に大瀧と若力　　是望

○吉野川の水上と大臺原といふ山本にとり出

る淵とて あかゝりの川 熊野川 伊勢の宮川

この水上なからあなたに落ひもすから西風

吹は花も枝みて水と東へなひけ宮川へ落なかるゝ

風吹はこの川又北風吹は熊野川へ落なかると

なや なかれにもうて巳東風吹は晴天なり吉野

川へ織よく落出るなり

西行法師

大臺や岩根に落る氏の上下熊野にかよふ世に宮川

巴渕

ちる花や巴にめぐらす波のあや　勢州高取藩氏　一得

渕の鮎やめぐりてもとの三くらり　勢州今井住　道信

月かげや巴の渕とぶんまり　勢州山田古跡　伊人

○大職冠しら国栖へ一星ありし清見原天皇は
たて落させ玉ふあまたの藩をかくして御調を
ゐへし給ひ御の狩の時によりて下されしより
たちまち君が代にあらためられて其いまにいたり
んとかくの称へしるす中にもちもしれそ
まさいまをくりぬ頃をく御代をかさとめて宿

と国栖(くず)のうたふこゑとかや今はとききうころころ
うげるやしれ奥あるもの翁(おきな)と国栖権正(くずごんのかみ)と
仁(にん)ぜず是今に末(すゑ)まで権正と云也

清見原天皇御製

みよしのの国栖の翁のあらむ世はたえずも調(みつぎ)進るらん

衣笠

吉野の国の国栖もやふにつくるそ梅つる春かぜのめく

○いにしへ大国(おほくに)の翁(おきな)か宮(せうゐ)に仕へける笛(ふえ)吹く人のま
いりくるときこしめして

大納言雅章

ちりくりと鏡にふるらん玉椿の笛よりぬく範は今さかり
○清見原天皇(きよみはらのてんわう)れいし御名[illegible]玉垣原(たまかきはら)と
て名付あらしとぞ和さくにまれなるし
新玉の哉　　　　　　　　　　後成口
表さねと垣りの原にさすめくれ茂さくやの山

幽椿

葛(くず)や玉椿乃花(とき)ぐ笛の弟子(でし)　京　貞室
玉椿葉やあらしてかる里つゞき　勢州山田古跡　成之
玉椿の葛文書(ごいん)にまけける山　伊人
くさ々あさきと那乃(ことこ)んや君の幽椿哉　勢州世玉井氏　是及

西行の花さひとる難の名所

御垣原

耳(みゝ)うときさかえてきこし郭公(ほとゝぎす)

かしこくこえひるけや御垣ゑんくこえい

狸(たぬき)かりや花にまことさくちくらし鞁(つゞみ)

日高田住　似柳

和州今井森世氏　元信

和州名柄平野氏　良弘

多武山峯田行坊　学盛

独案内巻五終

入忍

吉野山独案内 六

吉野山独案内巻六 目録

児松（ちごのまつ）

吉野独案内巻六

○水分のより夜登集へゆく道に佛が峯とて一里の坂あり麓に蟬が瀧とて又蛇が瀧あり又下に櫻尾の茶屋ありこれより三町袖過夜登集也

湯原里

新古今

よしの山みくまり川の淀み鴨山陰にて

中原よし實

續古今

○文治山陰しるよしの山みつくまり川の秋の夕暮

此ほとりに花籠の手を名前あり又靜ゐつゝくすみて里家あり

佛峯

月のしられ佛ヶ峯の花見かな　和州今井寿計　宗頭

菩提樹の樒ヶ佛ヶ峯の花　同柳本妹尾氏　似水

まさくけや後の佛ヶ峯月　同原田氏　令行

ころびけや佛ヶ峯のつまづき　攝州平野住　家次

名やとふ佛ヶ峯の松の露　和州上市吉多氏　能宗

夜桜

落花以後香もそむく山櫻　河内[illegible]　春雪

かつら川やひら〳〵してよくる　和州[illegible]本住　行好

名にうけや二人静のうつゝ川　同坊城鳩氏　正重

みよしの夜分てさへ残花かな　大坂　如貞

行燈名ハ夜分のくらいのあかしかな　和州[illegible]住　宗壽

網代(あじろ)とも影しづかなりやよしの川　多武峯西院 鬼子

花瀧多

花くづの多やなせさる雪の景(けい)　大坂鴻氏 了簡

静屋敷 同井

蝶(てふ)の舞(まひ)袖(そで)にみよしれ静(しづ)か　和州宇多郡荒川氏 辰女

露(つゆ)浅(あさ)いふして静かなる屋敷　同今井今西氏 宗獨女

面影(おもかげ)やとこに吉野井戸(いど)の月　大坂河内氏 本茂

夏箕(なつみ)より二町ばかり宮瀧(みやたき)とて名所の瀧川あり。岸(きし)のうへむかひいたる大(おほき)なる岩根(いはね)にいたりてさかさつもれる景気(けいき)なく行て筆にも申しつくしかたしくさから人の瀧なし瀧のありて柴橋(しばはし)あり

遊吉野川　紀男人

萬丈崇巖削成秀　千尋素濤逆折流
欲訪鍾池越潭跡　留連美稲逢槎洲

同　藤原萬里

友非干祿友　賓是飡霞賓　從歌臨水智
長嘯樂山仁　梁前招吟古　峽上簧聲新
琴樽猶未遊　明月照河濱

後撰　法皇御製

宮乃瀧むへも名におひてきこえけりおつるしらあわの玉とひゝけハ

光明峯寺

続拾遺
宮瀧の瀧津水上たつねても[illegible]雪や[illegible]

侍従正宗

○吉野川瀧津[illegible]に花ちり花井せき入るなる波そ絶ふ
瀧の辺に屏風岩といふあり里人岩花とて
はるかなる庭へとひ入りてこす谷あり米橋よ
りひろし又清この原又日晩野といふ名所あり
くちそに梅口の原とそある

光明峯寺

新勅撰
吉野川清き河内の山風にねもぬ瀧のよるひるもなし

大納言[illegible]

思ひし野路も越ゆるひまもなし妹し待らし思へ

○大河邊(おほかはのべ)也又歌小野(うたのをの)なとゝいへる名所ありといへとも不知さくにもれし

新古今　　　　輔仁親王

みよしのゝ大河邊(おほかはべ)の古柳(ふるやなぎ)かげこそみねど春めきにけり

僧正行意

新千載

うち渡る大川のべの瀬をとひろをなみて花にかかる鶴

源範政

新続古今

一日みし野の小萩に刈萱(かるかや)のつれまても知と思ひねさらん

和哥

文臺

みかりえい清らん京とや申さりぬとさて落る文臺　和州今井今西氏　宗獨

文臺も神さひてこそくら紐　日向今井大門氏　宗勝

文臺の波乃紙(かみ)や大ふくらし　攝州山田住　伊氏

文臺のや乃字のけさし紀さら　和州下市秋津氏　守由

紫檀

紫檀(したん)や月も躍りてとそこゞけ　和州今井上田氏　長家

屏風岩

うつし絵とみるや屏風(びやうぶ)の岩つゞ　市廣桔梗氏　政利

岩花

岩とびのおち(おちゆく)も花のよしの川　博之住　吉章

月晩野

和介

いつしかの日暮れ好む遊ひに人の心や蝉のぬける
和州今井今西氏 宗獨

花や一首硯にむかひ日くらし哉
和州今井細井氏 沢重

花にこそれし花こそくらす日くらし哉
同多武峯福元氏 宗貫

名ふもし流れの桜さして日くらし哉
同今井森世 顕真

花の中分をとれしハてそ日くらし哉
紀州橋本住 一空

花よやまめぐりあるく日くらし哉
河州世内本氏 友好

清河の茶

ミなの花ハ清く色さまざま河の茶
和州越部住 正重

樋口河の茶

名にしあふて樋口くりしののぞきし
同八木上田氏 勝重

樋口にしそみちくるめくの茶蓼
同高取沢氏 寛忠

大川の吟色

和州林氏 松軒

吉野の糸や大川のくゝり

秋小野

吉野山中林 和沢

花のなハくゝられ小野ゝ小町ハ

勢州山田右跡 伊人

鰍のくゝるゝのとのゝ浪くしら

○文瀧ゝら十町ゝゝら川下ハ妹背山あり妹山

背山とそ川と海とそゝ海山あり

和藤原大政遊吉野川韻 大伴首

地是幽居宅　山惟帝者仁　潺湲浸石浪

雜沓應琴鱗　霊懷對林野　陶性在風煙

欲知歡宴曲　滿酌自忘塵

土御門院御製

續後撰
あらそへる瀬乃音やまさるらん妹背乃山の中ハ流瀬

慈鎮

續古今
我涙よしのゝ川のよしさらは妹せの山の中におちよ

参議雅経

同
身のあらん涙をそゝぐいもせ川わたらぬ中をおもひしりて

行家

續後拾遺
わかれてもうとき世をへたてそらしれぬいもせ山の中の道

家経 鴨長明

よしの川きしうちかけて桜咲いもせの山の尾上とそ見れ

すの山
いも山

[Reproduction of handwritten (cursive) woodblock page; haikai verses with authors' names, including:]

同 宗樹
大坂衣氏 友信
京 貞室
和州高取林氏 忠要
同高取福嶋氏 回東軒
同高田宮崎氏 正流
同八木上田氏 勝重

いりせ山のやとり木かくれや花の縁　和州今井絵師　信重

くさらあふや蛛蜻の山の蝶つゐ　同多武峯門瀬氏　古備

いりせ山や寝て世を養ふ花もちる　同今井住　利直

月影や陰陽和合いりせ山　同又ハ平野氏　良弘

いりせ山よりくるや月の舟遊　同下田住　草葉

鮎

みよしのの川淀をおる小鮎かな　摂池嶋氏　成之

奥の木まのかけや鮎の色縒　多武峯今荻為　乃心

ふりしやなれもおもてに桜魚　和州宗泰田宮氏　仙野

花をしてよしの鮎やすらひ網　同五條加留氏　親則

小鷹網

小たかのあとに身も添あみの襦仰く　同今井松村氏　花栄

蜻蛉舟

閑ならし秋よもしの　蜻蛉舟　吉野山花之坊　玄榮

○玄瀧より桜木乃玄へゆく道に邪嶽の蜻
あるを桜木の玄のきさしにある瀧あり

従駕吉野宮應詔　大伴王

山跡仁趣遠　川浄智懐深　欲訪神仙迹

追従吉野潯

遊吉野宮　中臣人足

惟山且惟水　能智亦能仁　萬代無埃所

一朝逢拓民　風波轉入曲　魚鳥共成倫

此地即テ方丈　誰カ説カン桃源ノ賓ヲ

赤人

蛙(かはづ)なくよしの川の流乃うへにあせともれ咲てゆくらん

大納言雅章

瀧の糸(いと)の花をはしてよしのにしきとなる桜木の交

桜木(さくらぎ)乃文(こや)のまへとなるうとゑ象小川(きさのをかは)とふなら

持大納言藤原實

續古今

みよし野の瀧(みやたき)まてやまかせ象(きさ)の小川の有明(ありあけ)の月

中納言家持

玉葉集

むかしみし象(きさ)の小川を今さらはいとゝさやけくなりにけるかも

同所に象山(きさやま)とて名山あり

金葉集

みよしのゝ象山陰(きさやまかけ)にたてる松いく秋風にそなれきぬらん　曾祢好忠

小笹原(さゝはら)のこゑなき露もみよしのゝきさ山かけは霰ふるらん　光蓮法師

長嘯

幾秋(いくあき)の象山(きさやま)松の木間(このま)より心つくしにみゆる月

すこし行右のかたにて神子(みこ)の森といふあり

いかなる人しるよしそのゆへりといひか

らうしあとみえそろ

外象橋

夜にすむ月ととききの瑞籬　和州今井今西氏 正之

霧の細ささの橋や樋つらら　大坂中林氏 宜久

櫻木文

桜木のちりけるよし世良よし歌　京 貞徳

桜木の文いはずかん風乃前　長谷本願院 宗下

桜木の文のちとけや花筵　常州真壁三物氏 吉武

桜木の文殿は花にあるなり　和州今井今西氏 梅雄

桜木の鳥井は斧ゝれちらしけり　同高取宮川氏 吉次

象小川

花の波やうつしにさされ小川紙　同上市井上氏 重定

象山

和州郡山安氏 正長

初哥

みよしのゝさゝ山越にて清水見にくむのきゝはやりしん

篠山やさゝんしやう水花の冬

日州重任 光性院

高瀧

高瀧や雲のしぶきの波

吉野山方代氏 政清

神子水

ゆるまもる湯立神子のみのかん

和州今井大内氏 宗勝

とのゝ日紙水鶏やくゝく神子鈴

勢州山田中田氏

和州郡関本氏 友巳

神子のたにいられ白や操弓

日今井森田氏 長房

雪けのますや照日の神子氷

顕貞

○ひこの

神子水より三所さら紀州の岩屋あ

了聖徳太子はじめてとらせたまふに女一人

こくすゝめこり姥は鬼女なりし人の山綫たえろ
らんとておそるゝやとのゝ鬼ひしよ女菩ていろく
親よ鬼子一人ありつさるしろまやすゝまうさ
州し大野の御あれしにてハ若患をたえけ
なんとひとりの眼のことゝひとこゝしに眼八月
のことく又は猿冊塗のやうし紗のやうなるこわだ
りそて母の乳ふくみひつき居ころその時学
飛文ととなへ母人と鬼子母はそのまゝ同なよ
にうつと調子丸よおほせて松けよすてさせ
なふその松をとくに児の松と名付被女は

伊勢古神宮の末松とあかり待

化生洞

みつらや花と化生すれハ七宮　和州高取在原氏 任世子

花の眉つくる化生の岩屋哉　同今井大内氏 宗勝

花さんの一祢ん化生の岩屋哉　吉野山笑言田氏 徳源

あらや明しや化生の洞の宮女　紀州粉川児玉氏 遠方

妻こふる猫や化生のわか住居　江戸飯田氏 清次

児松

鶴の千代と名に立春や児の松　吉野万代氏 政清

千年の春のことしや児の松　勢州川俣松井氏 信之

くるる花ハさけうこあるし児の松　多武峯西院 児子

ことしりたや花て二たひ児の松　高野山 一笑

またはこしらへもさくらや児の松　勢州山田住　正宅

くもりすな花のさくらも児の松　和州柏原住　愚雪

草花咲て小人の徳や児の松　同多武峯　古桶

楠つゞくそふるや児のねふくら　同今井大内氏　宗勝

そめかへる松と附句や児の松　勢州山田中田氏　友巳

二葉より露いてゝくや児の松　紀州橋本住　定吉

箱雪ハうお化粧くも児の松　大坂中林氏　宜久

千年の行末遠くみゆる児の松こそあられ　和州今井今西氏　宗獨

高山権現の利生とあつきさま様人くハ
しそしかさ吾妻のわくのやしし無
ひの蔵衆のたさもせと誼くさまやは
中小もとさく九重のもれ上人歸乃
郡のやさもとつかハ花れ登とうれくる
夜更深生のいとあかし天武天皇
の後ハ後醍醐後村上の二帝も五十余
りや遠りしてわりし中のしなむく

くハその風流のミちしるへとなる
人もありと聞しこといつれかはとく
たとへありて心ひ給名ところの人
こめうしたひけることよ誰しさよ筆
流の人とハ名高くて世にも生と
も蕉の根ありて山のけうかりて吉野の
おのことも其道ハもろくしらいりぬれ
世をてやけりしいよけりせ来をく本こう筆

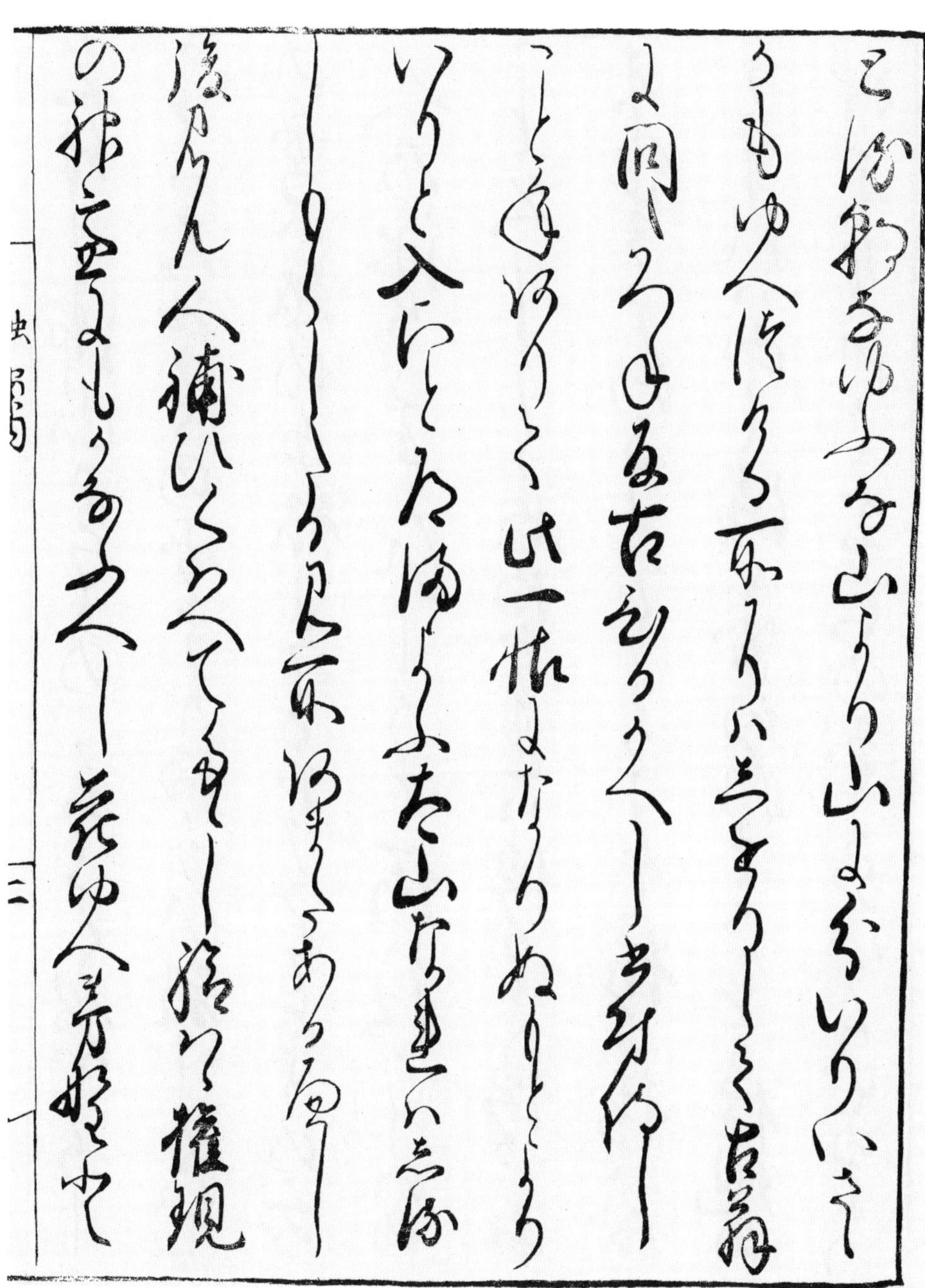

名付し御山さへこのころせなかりし
ことハ大和ことの雪ハゆうひ数しくも
の雪ハ越の白根よりことおほくさとよその山
人の詠さゝなひしくと橘ハ松りしハの
ことえしうしぬ物なる色ハ梅ると梅る若
木の生ふるすハならりて松ろ梅ハな
かくされハ山し海くぬ御れとさもる権現の
神木なりれと金峯山の雪よかハらむものゝ

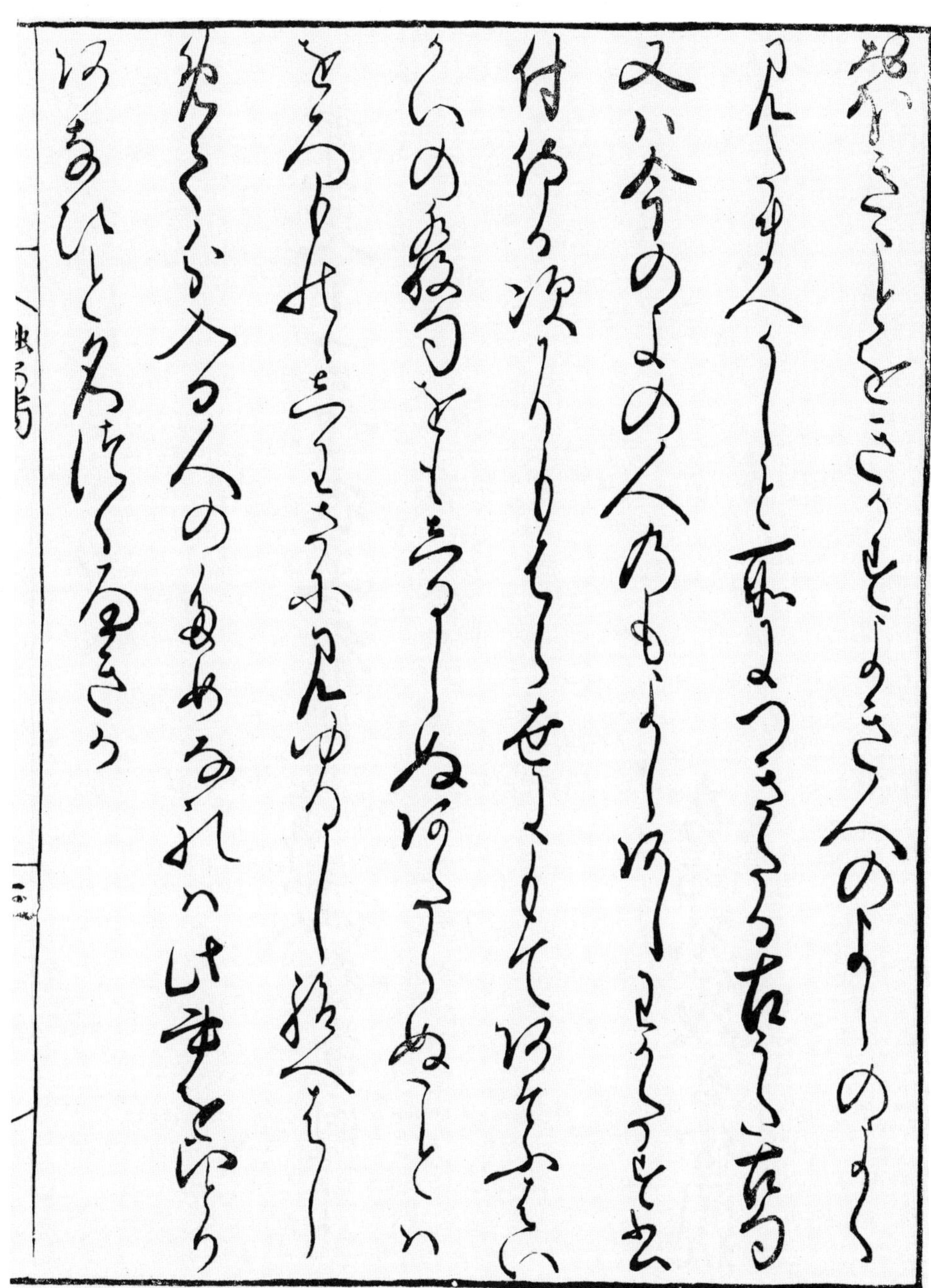

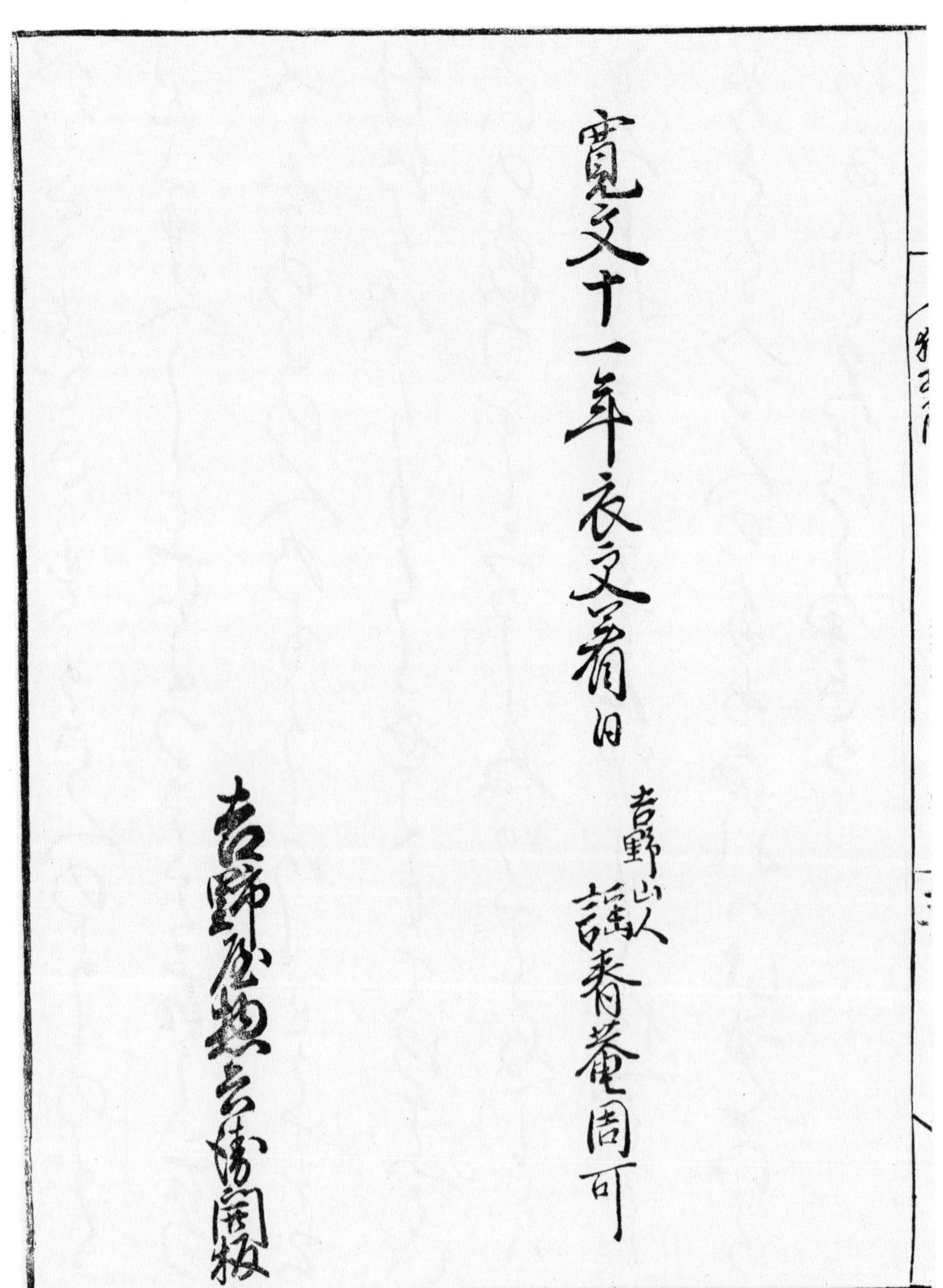

寛文十一年衣更着日

吉野山人 謡春菴周可

吉野屋惣兵衛開板

解説

吉野夢見草

底本　天理大学附属天理図書館蔵　五巻五冊
著者　雲水
装訂　袋綴
表紙　縦二二・七糎、横一六・三糎。石畳模様摺出濃縹色布目表紙。
題簽　巻二のみ現存。縦一六・三糎、横二・八糎（縮小率約80％）、左肩双辺。「芳野夢観草二」
内題　「吉野夢見草一（〜五）」
尾題　「吉野夢見草二（三・五）」、「芳野夢見草四」（巻一にはなし）。
匡郭　縦一九・四糎、横一三・一糎（縮小率約90％）、四周単辺。
柱刻　巻一　「夢見草題詞　一（〜二）」、「夢見草序　一（〜三）」、「夢見草一　一（〜十五）」、「夢見草上　十六」、「夢見草一　十七（〜廿八）」
　巻二　「夢見草二　一（〜廿四）」
　巻三　「夢見草三　一（〜廿四）」
　巻四　「夢見草四　一（〜廿八）」
　巻五　「夢見草五　一（〜廿六）」
丁数　全一三四丁半
　巻一　三十三丁（内、題詞二丁、序三丁、自序一丁）
　巻二　二十四丁

巻三　二十四丁
巻四　二十八丁
巻五　二十五丁半（最終丁、裏表紙貼込み）
刊記　「元禄八年八月吉日／書肆　古川氏三郎兵衛梓（押捺）」、四周単辺木記。
印記　各巻見返し、一オ、最終丁に「志州／小浜／淡佐」墨印（但し、巻四は一オと二十一オ、巻五は一オと二十五ウにのみ）。各巻一オに「高木家蔵」「天理図書館蔵」朱印（但し、巻五のみ二十六オにも「高木家蔵」印あり）。（図1は、巻一の印記）
注記　天理図書館蔵本には、巻四の十五、十六丁目に錯簡が生じている。影印の収録にあたっては、錯簡を正しい順に並べ替えた。

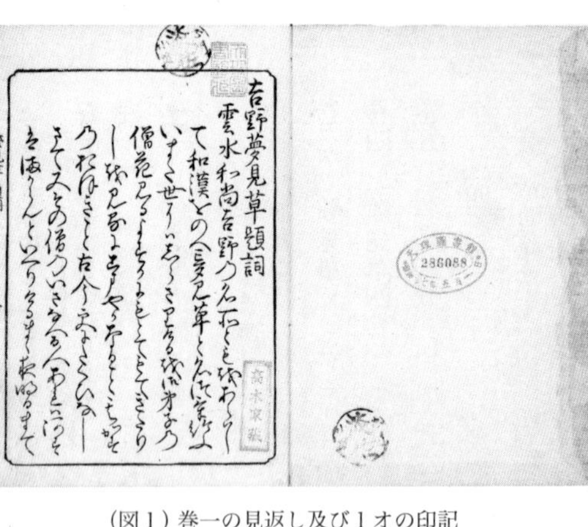

（図1）巻一の見返し及び1オの印記

『吉野夢見草』は、雲水の著で元禄八年（一六九五）に刊行された。題号にある「夢見草」とは桜の別名で、著者の雲水和尚が吉野に住んだ折に、山中を渉猟しつつ諸処に咲く桜を眺め詠じた詩歌をまとめたものである。全五巻を通して、庵から見た花を詠じた歌に始まり、吉野山を一周し、庵に帰した折の吟懐で終わる構成となっている。主たる内容は詩歌であるが、項目毎に名所の所在と道程も併せて記されており、案内記の一種といえる。

吉野山独案内

底本　京都大学文学研究科蔵　六巻一冊
著者　謡春庵周可
装訂　袋綴

表紙　縦二七・二糎、横一七・七糎。藍色万字つなぎ唐草文空押し。
題簽　原題簽欠失。
内題　「吉野山独案内巻一（〜六）」
尾題　巻五のみあり。「独案内巻五」
匡郭　縦二〇・四糎、横一五・五糎（縮小率約82％）、四周単辺。
柱刻　巻一「独案内巻一　目録（一〜二十四終）」
巻二「独案内巻二　目録（一〜十六）」
巻三「独案内巻三　目録一（二〜十三終）」
巻四「独案内巻四　目録（二〜十九、二十一〜二十三）」
巻五「独案内巻五　目録一（二〜十五）」
巻六「独案内巻六　目録（一〜十一）」、「独案内六　十二」、「独案内　一（〜三）」
丁数　全一〇七丁半
巻一　二十五丁（内、目録一丁）
巻二　十七丁（内、目録一丁）
巻三　十二丁半（内、目録一丁）（三オ欠）
巻四　二十二丁（内、目録一丁）（二十丁目欠）
巻五　十五丁（内、目録一丁）
巻六　十六丁（内、目録一丁、跋文三丁）
挿絵　全二十八図
巻一　七図　　巻四　六図
巻二　二図（内、見開き一図）　　巻五　五図
巻三　五図（欠丁の三オにある一図を含む）　　巻六　三図

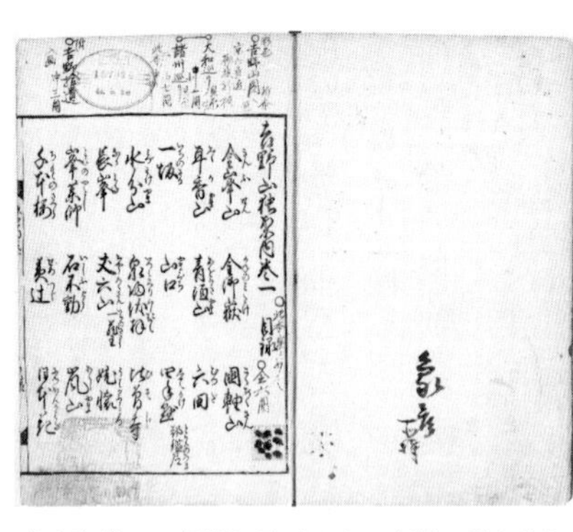
（図2）巻一の見返し及び1オの印記、書き入れ

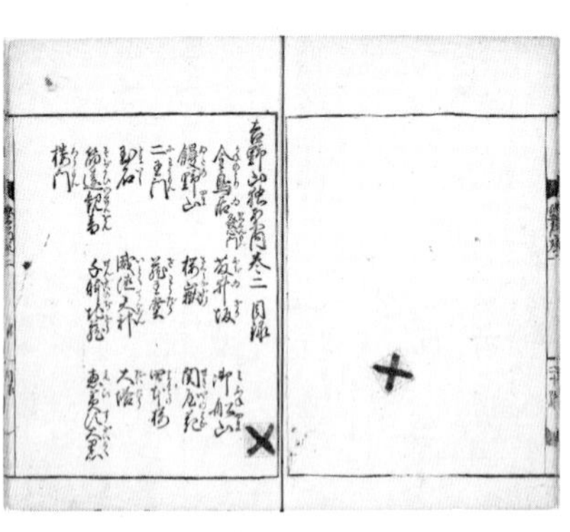
（図3）巻一の24オ及び巻二の1オの印記

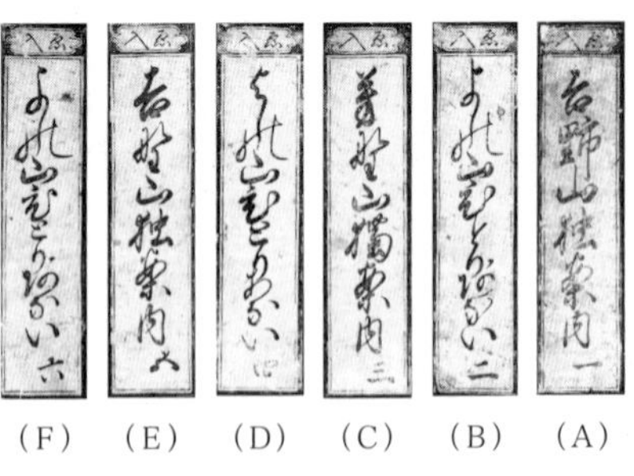
（F）（E）（D）（C）（B）（A）

（図4）『吉野山独案内』題簽の書体の違い
（右から巻一、二、三、四、五、六）

刊記　「吉野屋惣兵衛開板」

跋文　「寛文十一年衣更着日　吉野山人謡春菴周可」

印記　「京都帝国大学図書館」朱印（巻一の一オ）。なお、各巻一オと最終丁にも朱印があるが、いずれも墨で消されているため判読できない。（印記の全容は図2～3を参照のこと。巻一の見返しと一オには、印記のほか後人による書き入れもみられる。）

注記　京都大学文学研究科蔵本（以下、京大本）は原題簽が欠失していたため、本書では巻一のみ東洋文庫蔵本の題簽を掲出することで補った（縦十七・一糎、横四・〇糎、縮小率約80％）。但し、東洋文庫本は巻毎に題簽の書体が異なっており、巻一・五は「ゑ入吉野山独案内一（五）」（図4のA・E）、巻二・四・六は「ゑ入よしの山ひとりあない二（四・六）」（図4のB・D・F）、巻三は「ゑ入芳野山獨案内三」（図4のC）となっている（なお、図は『近世文学資料類従　古板地誌編15　吉野山独案内・南北二京霊地集』（勉誠社、一九八一年、三・五七・九五・一二五・一七五・二〇九頁）より引用した）。また、京大本では合冊により各巻表紙も欠失していたが、本書では便宜的に巻二～六の冒頭頁に活字で題簽を挿入した。なお、京大本は巻三の三オ及び巻四の二十丁目に欠丁があり、これらの部分については京都大学附属図書館蔵本で補った。

寛文十一年（一六七一）刊の『吉野山独案内』は、古歌・古詩・狂歌・俳句の引用や挿絵を織り交ぜながら吉野山の名所を紹介する、吉野山案内記である。著者の謡春庵周可については未詳だが、跋文の内容や「吉野山人」という号から、吉野の地に住んだ人物であったことが推察される。「芳野山を記載せる書中最も詳悉なるもの」（和田万吉『改訂重刊　古版地誌解題』）ともいわれるように、当時の吉野山行旅の風俗をつぶさに伝える資料である。

（臨川書店編集部）

参考文献
和田万吉『改訂重刊　古版地誌解題』（大岡山書店、一九三三年）
岡本勝『近世文学資料類従　古板地誌編16　吉野夢見草』解題（勉誠社、一九七六年）
岡本勝『近世文学資料類従　古板地誌編15　吉野山独案内・南北二京霊地集』解題（勉誠社、一九八一年）

版本地誌大系別巻三〈古版地誌〉

『吉野夢見草
吉野山独案内』

二〇一〇年五月二十五日　初版発行

編者　雲水　謡春庵周可
発行者　片岡　敦
印刷　株式会社　三星社
製本　新生製本株式会社

606-8204 京都市左京区田中下柳町八番地
発行所　株式会社　臨川書店
電話（〇七五）七二一－七一一一
郵便振替　〇一〇七〇－二－八〇〇

落丁本・乱丁本はお取替えいたします
定価は函に表示してあります

ISBN978-4-653-04093-4
〔セット ISBN978-4-653-04090-3〕